BETRACHTUNGEN
eines UNKORREKTEN

Heinz Sichrovsky

BETRACHTUNGEN
eines UNKORREKTEN

ueberreuter

Mit freundlicher Unterstützung durch das

≡ Bundeskanzleramt

1. Auflage 2018
© Carl Ueberreuter Verlag, Wien 2018
ISBN 978-3-8000-7704-5

Covergestaltung: Saskia Beck, s-stern.com
Coverzeichnung: © Oskar Stocker, www.oskarstocker.com
Lektorat: Arnold Klaffenböck
Satz: Hannes Strobl, Satz·Grafik·Design, Neunkirchen
Druck und Bindung: Finidr s. r. o.

www.ueberreuter-sachbuch.at

Inhalt

Wie ich ein Unkorrekter wurde

Am Bobo vorbei. Eine Abneigungsbekundung zum Geleit

Ich bin nämlich ein Vorzeige-Grüner, insgesamt einer der korrektesten Menschen, die ich kenne. Ich ehre die Frauen mehr als mich selbst; seit 1974 bin ich nicht mehr am Steuer eines Wagens gesessen; das Rauchen habe ich (nach drei Monaten) im Alter von elf Jahren aufgegeben; die Postwurfsendungen zur Bundespräsidentenwahl – sie wurde zwischen dem FPÖ-Kandidaten Norbert Hofer und dem grün grundierten späteren Amtsträger Alexander Van der Bellen entschieden – habe ich gewissenhaft in Sonder- und Biomüll getrennt; und wird mir im Restaurant eine Speisekarte ohne Allergenauszeichnung vorgelegt, laboriere ich gesetzestreu an Erstickungsanfällen und nässenden Ekzemen.

Seit einiger Zeit allerdings beobachte ich an mir Veränderungen wie weiland Dr. Jekyll in der Novelle von Robert Louis Stevenson: Mich reitet der Dämon des Aufstands gegen die Korrektheits-Ayatollahs und ihre lebensvermiesende Reglementierungswut. Beim Anblick der mit affenhafter Bosheit schikanierten Autofahrer drängt es mich (der ich nicht einmal mehr wüsste, wo die Bremse ist) solidarisch zum Erwerb eines dieselgetriebenen 20-Liter-Vans. Mit diesem umwelttechnisch verwerflichen Fahrzeug, so halluziniere ich in Fieberträumen, umrunde ich unter lärmender Missachtung der Stolperschwellen viertelstundenlang das grüne Rest-Büro in Wien-Mariahilf. Der Umweltblockwart, der Raucher mit der Nase am Schlüsselloch bis in die eigenen vier Wände ausschnüffelt, weckt in mir ein Gelüst auf zwei Schachteln Gauloises filterlos, täglich und im öffentlichen Raum. Nicht zu reden von den Perversen, die einem ehrbaren deutschen Substantiv ein großes „I" in die Leibesmitte rammen: Sie lassen mich mit der Beiziehung des päpstlichen Exorzisten liebäugeln, obwohl ich vor 30 Jahren aus der Kirche ausgetreten bin.

Speziell die hirnfolternde Gender-Korrektheit treibt mich in Fantasien, die ich mir als Vater und Wehrdienstverweigerer stets untersagt habe: Nur die Tatsache, dass ich gar keinen Sohn habe, hält mich davon ab, ihm aus purem Protest ein Plastikmaschinengewehr mit Automatikfunktion zu schenken. Und nur der Vaterreflex lässt mich davor zurückschrecken, meine Töchter mit rosarot gekleideten Barbie-Puppen zu bemustern und damit das verdiente Scheitern meiner Ehe anzubahnen.

Sollten nun diese Zeilen von einem Bobo gelesen werden, fügte ich vorsorglich den kretinösen Vermerk „Ironie off" an. Denn um den Bobo ist es mir im folgenden Buch vorrangig zu tun. Nicht, dass er der Adressat wäre (da sei Gott vor). Aber er ist eine der Zielscheiben, und keine zu knapp bemessene. Sollten Sie also einen Bobo sehen, grüßen Sie ihn. Aber nicht von mir, denn der Bobo geht mir an demselben vorbei.

Der Bobo verschärfter österreichischer Abart ist ein Willkommenstheoretiker: Er lümmelt im Designer-Mobiliar seiner innenstadtnahen Bleibe und lässt den Bewohnern der Flächenbezirke ausrichten, sie mögen nicht so hysterisch sein (der pädagogische Effekt ist absehbar). Der Bobo hat sein Kind im Privatgymnasium, kampagnisiert aber für die Gesamtschule, wo der Erste am Letzten Maß nehmen muss statt umgekehrt: Das Resultat sind zwei arbeitslose Zentralmaturanten anstelle eines Nobelpreisträgers und eines Installateurs, die beide gebraucht würden.

Der Bobo gibt den Vater Teresa der Begegnungszonen, den Weihbischof Grätzel, ist aber ein Ökogan: Er verbietet, kontrolliert und schikaniert, klebt aber auch bei eklatantem politischem Versagen bis zum Ultimo am Fahrradsattel. So treibt er der politischen Gegenseite, die er zu bekämpfen glaubt, verhängnisvoll die Wähler zu.

Der Bobo liest nicht, geht nicht ins Theater und meidet den Musikverein. Seine Generalkompetenz ist der Netflix-Account. Er ist ungebildet, ein selbstbewusster Analphabet auch, wo Lektüre zwischen den Zeilen gefordert wäre, und folglich außerstande, Ironie als solche zu identifizieren. Deshalb zwinkert er sich unter Zuhilfenahme von Doppelpunkten, Klammern und Semikola täppisch durch den Schriftverkehr und hat, um sich selbst das zu ersparen, den debilen Emoji erfunden. Prinzipiell unsicher, was er vom Leben an sich halten soll, flüchtet sich der Bobo unter das Gesetzeswerk einer pathologischen Regulierungswut. Was den Blauen der gegen Kultursubventionen und Sozialleistungen in Geiselhaft genommene „Steuerzahler", ist dem Bobo die „Zivilgesellschaft", unter deren wärmenden Kollektivwillen er sich schmiegt. Obwohl ich bis heute nicht weiß, was unter Zivilgesellschaft zu verstehen ist – das semantische Gegenteil wäre die Uniformgesellschaft, träfe nicht gerade dieser Begriff punktgenau auf die verzivilgesellschafteten Meinungs-Klone zu.

Aus der nämlichen Grundunsicherheit weiß der Bobo auch nicht, was er wollen darf. Deshalb konzentriert er seine Anstrengungen darauf, nicht zu wollen, was Strache, Hofer oder Gudenus wollen. Aber abgesehen davon, dass keiner der genannten Herren meine Meinungsbildung in irgendeine Richtung zu dirigieren vermöchte: Populisten haben es an sich, dass sie den von den Ideologen weggelegten gesunden Menschenverstand zwangsadoptieren und zum Stimmenstehlen abrichten. Deshalb können die so genannten Populisten (schon der Gebrauch als Schimpfwort zeugt von Dünkel gegenüber dem so genannten Volk) manchmal auch durchaus Vernünftiges und Erwägenswertes vorbringen. Zum Beispiel fehlt mir jede Bereitschaft, meine Töchter bzw. deren noch unangedachte Kinder von einer sich durch das Kopftuch legitimierenden Muslima in die Lebensbefindlichkeiten einweisen zu lassen, sei es im Kindergarten oder in der Schule (wozu sonst hätte sich meine Generation unter Mühen zweier Jahrtausende christlicher Gehirnwäsche entledigt). Überlässt man diese Felder der FPÖ, positioniert man sich in der Blase der Weltfremdheit und erleidet ein Schicksal wie die deutschen und österreichischen Grünen.

Wie schon einbekannt, habe ich mit elf Jahren geraucht, aber nur drei Monate im aufgeregten Probebetrieb des Erwachsenseinwollens. Denn als meine klugen Eltern die unüberriechbaren Indizien ignorierten, wurde mir die Selbstselchung zu fad. Heu-

te darf man erst mit 18 und in Halbquarantäne, weshalb psycho-
logisch folgerichtig jeder vierte Jugendliche zum Stängel greift.
So geht es, wenn der Hausverstand vom Amtsverstand niederre-
guliert wird: Behördenpädagogik erreicht unfehlbar das Gegenteil des Verordneten.

Meine Mutter – übrigens Ärztin – hatte im Krieg genug Er-
satzwurst, Magermilch und Steckrübenkuchen fürs Leben ver-
kostet. Deshalb gab es bei uns Schmalzbrot, Knackwurst und
Grießkoch (Letztgenanntes von mir verabscheut), aber in meiner
Klasse war nur ein Dicker. Heute ist die Reichsernährungsamts-
Cuisine zum Apothekerpreis wieder in Mode, aber jedes fünfte
Kind übergewichtig. War man gegen etwas allergisch, hat man
es einfach nicht gegessen, auch ohne vor jeder Wirtshaustür an
den Tod gemahnt zu werden.

Auch hätte den Mustafa in der privaten evangelischen Volksschule Wien-Währing keiner einen maximalpigmentierten
Mitbürger mit Migrationshintergrund genannt. Aber wir haben
ihn gern gehabt und sehr getrauert, als er mit seinem Vater, einem Diplomaten, in einem unbekannten Exil verschwand. Und,
ja, wir haben für die hungernden, allseits ohne Arg so genannten „Negerkinder" mit Leidenschaft Stanniolkugeln gesammelt.
Aus dieser grenzsurrealen Hilfsaktion eines Schokoladeherstel-
lers erwuchs beim Volksschüler Manfred Deix das märchenhaf-
te Missverständnis, Leichtmetalle seien auf dem afrikanischen
Kontinent Grundnahrungsmittel.

Heute wird der Satiriker Axel Hacke verlässlich von Schrei-
attacken unterbrochen, wenn er aus dem (hiermit zum Erwerb
empfohlenen) Buch „Der weiße Neger Wumbaba" vorträgt. Den
Titel bezog er aus einem Missverständnis seiner Kinderzeit, als
er die letzte Zeile der ersten Strophe von Matthias Claudius'
„Abendlied" nicht zu deuten wusste: „Der weiße Nebel wunderbar". Die Geschichte ist voll Poesie und Herzenswärme. Aber
wie sie einem Trottel kommunizieren, der von Matthias Claudius noch nichts gehört hat und darauf noch stolz ist?

Zu unterscheiden sind der Links- und der Rechtsbobo. Der
linke ist harmlos. Er vertrödelt sein Leben als freischaffender

Fotograf oder Grätzel-Aktivist und verzehrt dabei die Hinterlassenschaft der Eltern, die sich, oft als Soziologieprofessoren oder Kunsttheoretiker, etwas auf die Seite legen konnten. Äußerst selten wirft ihn ein tragikomisches Verhängnis an die Gestade des öffentlichen Bewusstseins. Dann ist er für einseinhalb Wochen jemand, so wie der sozialdemokratische Bezirksrat in Wien-Neubau, Sohn eines mit mir befreundeten namhaften Kulturwissenschafters. Dem Junior, nebenerwerblich freier Fotograf, entwich im Mai 2017 via Facebook in gebrochenem Deutsch das Folgende: „Elisabeth Köstinger als neues Gesicht und neue Generalsekretärin einer neuen Bewegung? Aus autobiografischen und stadthistorischen Motiven möchte ich da schon anmerken, dass die jungen Damen der ÖVP Inneren Stadt aus den frühen 80er Jahren, die mit mir schliefen, weil sie mich wohl für einen talentierten Revolutionär hielten, genauso aussahen, genauso gekleidet waren und genauso sprachen."

Nun wollte zwar die betroffene Politikerin der Avance auch über dringliche Aufforderung keine Beachtung schenken. Aber die eigene GenossInnenschaft! Man drohte dem armen Teufel mit Parteiausschluss und, schlimmer, dem Entzug des existenzsichernden Bezirksratsmandats. Dabei hatte er bloß unter Wehmutsbekundungen offenbar lang zurückliegender geschlechtsaktiver Zeiten gedacht. Die heutige Umweltministerin mag so auf ungeklärtem Weg in den Einzugsbereich seiner autoerotischen Halluzinationen geraten sein.

Ich vermutete sofort, dass er im Bobo-Reservat Neubau an etwas Unbekömmlichem genippt habe. Andererseits verteidigte ihn ausgerechnet ein namhafter Grün-Funktionär, also einer aus dem Obersten Korrektheits-Sowjet, als „großen Online-Poeten". Wie sollte der beklagenswerte Spätzölibatär da ein Unrechtsbewusstsein entwickeln? Zu Zeiten, in denen Jan Böhmermann als Satiriker durchgeht und in denen, unbestätigten Gerüchten zufolge, sogar schon über Stermann und Grissemann gelacht worden sein soll? Schließlich hatte der Mann ja nicht, in der Art des womöglich noch prominenteren Kollegen Trump, per Twitter die Invasion des Nachbarbezirks Josefstadt oder Silvesterraketentests gegen Mariahilf angedroht!

Dennoch schrie die halbe SP-Nomenklatura wegen eines Bezirkspolitikers Mordio, um endlich draufzukommen, dass man ihm das Mandat laut Gesetzestext gar nicht entziehen konnte. Worauf man ihn unter Bewährungsauflagen begnadigte.

Soweit die gleichnishafte Geschichte eines Linksbobos. Wesentlich gefährlicher ist der Rechtsbobo. Auch er ist ungebildet und intellektuell unansehnlich. Aber seine art-immanente Mediokrität und Antriebslosigkeit steht in qualvollem Konflikt mit den beruflichen Anforderungen: Sein Vater, prototypisch ein mächtiger Reaktionär aus dem Wirtschafts- oder Medienbereich, hat ihn in Positionen protegiert, denen er nicht gewachsen ist. In dieser Überforderung entwickelt er nach innen uferlose Herrschsucht und Regulierungswut und outriert nach außen das, was man keinen „Gutmenschen" mehr nennen darf (schade um die ursprüngliche hübsche Kreation linker Selbstironie). Hat er das ihm ausgelieferte Unternehmen ruiniert, kommt das Karussell der Unfähigkeit knirschend zum Stehen, und der – nicht selten weibliche –Rechtsbobo zehrt seine Abfertigung auf.

Supernackt – vom Ende der Satire

Satire hat es in diesen Zeiten nicht leicht. Und auch mir erging es, kaum, dass ich meine wöchentliche Kolumne in der „Kronen Zeitung" in Betrieb genommen hatte, wie den Kabarettisten Florian Scheuba und Thomas Maurer, die unter dem Titel „Supernackt" den größten Erfolg ihrer Karrieren lukrierten: Sie lasen unkommentiert die telefonischen Abhörprotokolle, mit denen die Staatsanwaltschaft den früheren freiheitlichen Spitzenpolitiker Walter Meischberger der Korruption überführen wollte. Mit der bangen Nachfrage „Wo woar mei Leistung?" an einen großzügigen Auftraggeber hat er sich schon in die Geschichte der Satire eingeschrieben. Scheuba und Maurer hingegen waren inmitten des Erfolgs an die Grenzen des Berufs gelangt.

Und auch ich entwickelte alsbald die paranoide Zwangsvor-stellung, meine Kolumne sei Pflichtlektüre vom Pentagon bis zur päpstlichen Sommerresidenz Castel Gandolfo. Wie sonst wäre das möglich: dass ich die Korrektheitsgesellschaft ruhelos bis in ihre abartigsten Wucherungen verfolge, sie mir aber stets den Auspuff zeigt?

Kaum gendere ich die Bibel, macht sich der Heilige Vater korrektheitstechnisch am Vaterunser zu schaffen. Ich verspotte die Lehrpläne und lese zwei Wochen später in einer Schularbeit zum Dreißigjährigen Krieg: „Den Offizierinnen und Offizieren folgten Freischärlerinnen und Freischärler, Mörderinnen und Mörder." Im Genderungsverweigerungsfall droht Punkteabzug (für die Schulverwaltung beantrage ich hiermit den Berufstitel KretIn mit Binnen-I). Ich glätte Shakespeare – wenig später ver-abschieden 60 erwachsene Burgtheatermitglieder eine Resolu-tion nach #MeToo, weil der 2014 aus dem Haus geschiedene Di-rektor Matthias Hartmann vor fünf Jahren auf der Probe einen unanständigen Witz erzählt hat.

Ich erheitere mich über hysterischen Nichtraucherschutz in österreichischen Gaststätten, da geht es bei den Gegenfüßlern rund: Der australische Premier fängt sich via Instagram einen Shitstorm ein, weil er sich, seine Enkelin auf dem Arm, mit ei-nem Glas Bier in der anderen Hand abbilden ließ. Vermutlich ist das die historische Geburtsstunde des Passivatmerschutzes. Es folgt der behördlich verordnete Atemstillstand nach Tabak- und Alkoholgenuss.

Unverdrossen male ich Kunstwerken Windelhosen, da wird in der Manchester Art Gallery das Gemälde „Hylas und die Nymphen" (1896) aus Korrektheitsgründen von der Wand ge-nommen: Sieben nackte Damen ziehen da einen halb bekleide-ten Passanten ins Wasser (umgekehrt wäre es spannender: Der nackte Trump nötigt sieben verstörte Pornodarstellerinnen zum Achter in den Whirlpool auf dem Dach des Trump Tower).

Die Situation verschärfte sich noch mit dem Erblühen der „alternativen Fakten". Als Trumps Beraterin Kellyanne Conway mit diesem Begriff im Jänner 2017 eine dreiste Lüge in präsidiale Wahrheit verwandelte, formulierte sie sich in die Unsterblich-keit: Sie hatte für einen globalen Trend den Namen gefunden. Welche Art Überspitzung war da noch vorstellbar?

Dauerhaft uneinholbar blieb Trumps „Ich bin ein stabiles Genie". FPÖ-Verkehrsminister Norbert Hofer allerdings, dem Zeitgeist mit mindestens 140 km/h auf den Fersen, konterte um-gehend mit dem Gegenstück: „Herbert Kickl ist ein Philosoph." Da tat sich Alt-Kanzler Alfred Gusenbauer (SPÖ) trotz aner-kennenswerter Bemühung schwer: „Ich bin ein gesetzestreuer österreichischer Steuerzahler" (ob er das redlich bei Diktatoren und Schurkenfirmen Erworbene in Silbersteinen versteuert hat, blieb offen). Oder das? „Kreisky würde heute Strache wählen" (Strache) samt Replik des SP-Geschäftsführers: „Haider würde heute SPÖ wählen" (vermutlich, um sich mit den mittlerweile außer Betrieb genommenen Wiener Stadträtinnen Renate Brau-ner und Sonja Wehsely über geglücktes Schuldenmanagement auszutauschen).

Zumindest einen Nicht-bei-Trostpreis verdient Harvey Wein-steins „Ich respektiere alle Frauen". Und als junge Hoffnung des alternativen Faktenwesens präsentierte sich der charismatische Musikerzieher Udo Landbauer von der sangesfreudigen nieder-österreichischen FPÖ, als in seinem Keller Auschwitz-verharm-losendes Liedgut entdeckt wurde: „Ich werde mir auch nicht nehmen lassen, ‚O Tannenbaum' zu singen." Da fiel mir gleich der schleimige Antanzversuch des „Herrn Karl" an einen heim-gekehrten Emigranten ein: „Diehre, Herr Tennenbaum!" Wer weiß, was die gekerbten Herren da wieder gesungen haben.

Zum Höhepunkt ließ schließlich Melanie Griffith, Richard Lugners gewerblicher Opernballgast des Jahres 2018 und eine der renoviertesten Erscheinungen auf internationalem Parkett, die Si-likonbombe platzen: „Lugner ist großzügig, fesch und sexy."

Fraglos wurzeln die Feststellungen Nummer zwei und drei ursächlich in Feststellung Nummer eins. Aber wenn mir nach dem Papst, dem US-Präsidenten und dem österreichischen Ver-kehrsminister auch noch Hollywood die Pointen zertritt: Da wird die Paranoia zur Lebensperspektive.

Die Laura ist da – ein sanftes Fächeln vor dem Sturm

Ehe ich mich der Materie nun über strategisch geordnete Themenkreise nähere, würde ich gern ein tendenziell larmoyantes Geständnis ablegen: Meine liebste Kolumne blieb weitgehend unbeachtet. Dabei war mir, auftragsgemäß zum Winterende, das für unmöglich Gehaltene geglückt: Ich hatte das Wort „Frühling" gegendert, und zwar mit ausnahmslos philologischen Instrumentarien!

Trotz der von ihm verursachten unkorrekten Gefühlslage ist der Frühling nämlich gar nicht so schlimm. Im Gegenteil: Während sich Sommer, Herbst und Winter als unbelehrbare Sexisten jedem Genderungsversuch verweigern, lässt sich der Frühling bereitwillig zum Neutrum entmannen.

Er heißt dann „das Frühjahr", und noch besser geht es mit der bewährten poetischen Variante: „Lenz" ist die Kurzform von „Laurentius", weiblich: „Laurentia", kurz: „Laura". Selbst eine nach der Burka schreiende Frivolität wie das Lied „Veronika, der Lenz ist da" verliert so seine Schrecken: „Veronika, die Laura ist da" stieße nicht einmal in Teheran oder beim grünen Parlamentsklub auf Bedenken. In weiterer Folge könnten auch Anzüglichkeiten wie „Veronika, der Spargel wächst" durch die einfache Ergänzung „Bio" zumindest abgefedert werden.

Da möchte einem vor Dankbarkeit der Bio-Spargel wachsen.

Sprache in Not

Nicht nur an Weihnachten.
Im Widerstand gegen den Anschluss

Ohne Ausbildung zum Simultandolmetsch braucht man heute
eine Karriere in der Eltern-, Großeltern- oder Wahlonkelbran-
che gar nicht erst ins Auge zu fassen. Oder kennen Sie das nicht?
Sie lesen ein Kinderbuch vor und sortieren panisch Brötchen,
Möhrchen und Fritten aus. Nicht zu reden vom Fernsehen, wo
der heimische Anteil am neugroßdeutschen Kinderprogramm
gefühlt (mein Unwort Nummer zwei) gerade mal (mein Unwort Nummer eins) ein Promille beträgt. Kai läuft zur Schule:
Klar steigt die Analphabetenrate, wenn immer mehr Kinder im
Höllentempo bis ans Schultor hetzen, das Institut aber nie betreten. Wobei der Bub, der sich jetzt Junge rufen lassen muss,
noch Glück hat: *Ginge* er nämlich *in* die Schule, müsste er im
Stechschritt beim Sportlehrer Herrn Schmidt antreten (wogegen
das liebenswerte Paradoxon „Turnprofessor" die Schrecken der
Leibesertüchtigung noch in sanfte Ironie aufgelöst hatte).

Nach Absingen perverser Huldigungen – „die Treppe hoch!"
– würde er das Federmäppchen zücken (dann lieber Analphabet
bleiben). Im Pausenhof könnte er zwar den artengefährdeten
Hausmeister beobachten. Aber der verdrängt dafür biologisch
invasiv den Schulwart! Dabei droht stets Hirnverfettung durch
lecker Brathähnchen. Und wenn das arme Kind dann ausrastet,
lässt man es nicht etwa in Ruhe schlafen, sondern meldet es dem
Direktor.

Mit noch mehr Worten: Der Ranzen der Pandora hat sich
aufgetan, und heraus quillt das Übel – Tüten und Zensuren, die
auch schon mal eine Fünf sein können, Geburtstagskuchen und,
an Weihnachten, leckere Plätzchen. Sie alle haben heimeligere
Zeiten gesehen: als Schultasche, Stanitzel bzw. Einkaufssackerl,
Noten und Fünfer, Torten und feine Kekse. Letztgenanntes

Backwerk hat sich den Fortbestand als Transvestit gesichert, heißt jetzt „der Keks" und duldet mit anderen Verdammten: Die Socke und das Schlüsselbund sind dabei noch privilegiert gegen den Bonbon, der sich Bongbong höhnen lassen muss.

Von unserer Sprachwelt scheint das noch ein paar hundert Kilometer nordwestlicher Richtung entfernt. Aber in neun von zehn Kinderbüchern, in den weitaus meisten der hier empfangbaren Fernsehprogramme, in DVDs und Computerspielen für Kinder ist es die einzige Realität. Das System ist lückenlos: Was nicht in Deutschland erzeugt wird, wird dort synchronisiert. Lecker und Treppe sind schon Sprachgebrauch, „die Eins" wird es zusehends, Schultüte, Tomate und Kartoffel sind es bekanntlich längst.

„Die deutsche Sprachmacht schleicht sich ein", beklagt der nach Österreich zugewanderte deutsche Karikaturist Tex Rubinowitz und macht den Haupttäter namhaft. „Das kommt von Sendern wie RTL, von denen die Jugendlichen ihre Sprache beziehen. Man kann das als fortschrittlich bezeichnen, als Akt der Entprovinzialisierung, aber auch als schleichende Vergiftung des Idioms. Sprache bestimmt ja das Bewusstsein."

Der Sprachforscher Rudolf Muhr rekonstruiert andere Infektionswege: In den Neunzigerjahren begannen die Lebensmittelkonzerne ihre Produkte aus Kostengründen in Deutschland zu etikettieren. So hub das Tomaten-, Kartoffel- und Pflaumenbombardement an. Vielen ist das leidige Wimmerl nicht einmal mehr als Begriff geläufig. Es verwandelte sich, schon in den Achtzigerjahren, unter dem Einfluss der deutschen Clearasil-Werbung in den um nichts distinguierteren Pickel. Der Dialekt, führt Muhr aus, stand auch für mangelnde Bildung. „Das Nachkriegsösterreich wurde vom Agrarland zum Industrieland. In den Fünfzigerjahren waren noch 50 Prozent der Bevölkerung in der Landwirtschaft tätig, in den Achtzigerjahren 34. Heute sind es drei bis vier Prozent. Als die Urbanisierung einsetzte, war sozialer Aufstieg mit Sprachfähigkeit verbunden. Die lokalen Begriffe legte man ab." So wuchsen Generationen mit dem Kommando „schön sprechen" heran.

Dazu kommt die gestiegene Mobilität: „Früher blieb man im Dorf, heute kommen die Jugendlichen früh von zu Hause weg", erläutert Ingeborg Geyer von der Akademie der Wissenschaften. „Das Kommunikationsnetz ist ein anderes."

Das Resultat hat mit der deutschen Sprache nur noch die Eckdaten gemein. Niemand würde an „Emil und die Detektive" das Berliner Idiom bemängeln. Was aber Tex Rubinowitz als „RTL-Deutsch" bezeichnet, hat mit Berlinerisch, Sächsisch oder Schwäbisch so wenig zu tun wie mit Kärntnerisch oder Oberösterreichisch. Der Reichtum der Begriffe, die Authentizität des geschriebenen und die Melodie des gesprochenen Wortes ersticken unter einer riesigen Müllkippe, gegen die sich der hierorts im Gebrauch befindliche Misthaufen wie ein anheimelnder Ort des Rückzugs ausnimmt. Selbst die große Christine Nöstlinger hat einbekannt, früher dem deutschen Markt zuliebe ihre Texte zugeschliffen zu haben.

Heute werden Autoren dieses Kalibers erklärende Glossare oder Fußnoten zugestanden. Der österreichische Verlag G & G bietet Lehrmaterialien mit Echtheitszertifikat an. Im Wiener Ringelspiel-Verlag findet sich exotisch Anmutendes wie „Ein kleines Henderl will das Meer sehen" von Christian Jolibois.

Muhr sieht zudem in der zunehmenden Globalisierungsskepsis Hoffnungspotenzial: Die Supermärkte etikettieren wieder um, da das Vertrauen in heimische Produkte steigt. „Die Menschen fühlen sich im Weltgefüge machtlos und ziehen sich auf das Vertraute zurück. Das gilt auch für die Sprache." Auch wüssten etwa Kinderärzte, Gynäkologen und Hebammen um die sedierende Wirkung tradierten Wortguts: Mit dem halb versunkenen Begriff „Putzerl", der sich gegen Monstrositäten wie „Baby Julia" nicht behaupten konnte, mobilisieren sie bei Müttern Vertrauen und positive Emotionen.

Andererseits ist nichts alberner, als sich provinzlerisch jedem Einfluss zu verweigern. De facto wäre das auch nicht möglich. Neu allerdings ist die Intensität der Gehirnwäsche, die sich nur mit dem ungebahnt wütenden Amerikanisierungsterror vergleichen kann.

Es gab eine französische Welle, die kaum Spuren hinterlassen hat. Dass sich das unvergleichliche Lavur, recte: lavoir, auch als Waschschüssel nicht erhalten konnte, hat mit dem dankenswerten Fortschritt der Sanitärtechnologie zu tun. Das Portemonnaie wurde zur Geldbörse, das Trottoir zum Gehsteig, und die Germanismen „Geldbeutel" und „Bürgersteig" machen noch keine Anstalten, sich zu etablieren. Noch früher, zur Zeit der tschechischen Massenzuwanderung Ende des 19. Jahrhunderts, wurde „Bramburi" ein allgemein bekanntes Synonym für „Erdapfel". Begriffe aus dem Jiddischen – „Chuzpe", „Ponem" – widerstanden selbst den Nazis. Kärntner und Slowenen, Burgenländer und Kroaten bestimmten gegenseitig den Sprachgebrauch. „Der Wiener Basisdialekt ist wegen der Multikulturalität stark im Rückgang", ergänzt Ingeborg Geyer. „Wir haben uns immer gegenseitig beeinflusst. Dialekte sterben nicht aus, sondern verändern sich."

Zumal etwas wie ein gemeinsamer österreichischer Dialekt gar nicht existiert, obwohl acht von neun Bundesländern dem bairischen Sprachraum angehören. Das von der Akademie der Wissenschaften herausgegebene „Wörterbuch der bairischen Mundarten in Österreich" unterscheidet zwischen Burgenland und Tirol etwa 150 Dialekte. Dazu kommt Vorarlberg mit 15 alemannischen Varianten.

Wir wollen nicht ohne sie auskommen müssen, auch wenn sich bald der letzte Landflüchtling auf den Weg gemacht haben wird. Auch warnt uns das Schicksal des einst im Allgemeingebrauch stehenden Zippverschlusses, heute ein Exotikum wie der Guisaumpa (burgenländisch: Gießkanne) oder der Drümsie (vorarlbergisch: verträumter Mensch). An Resignation sollten wir dabei nicht einmal denken. Nicht, solange man hierzulande noch erkranken kann, wie es sich gehört: 100 Prozent der demoskopisch befragten Österreicher sind lieber verkühlt als erkältet.

Yankee, go home!
Ein Aufruf zur Rettung der deutschen Sprache

Als ich mit der Rohstoffsammlung für das hier zu bereitende Thema begann, langte ich relativ willkürlich in meinen elektronischen Posteingang und fand sofort, wonach ich suchte – zwei Einladungen österreichischer Provenienz in besonders schöner Ausfertigung. Die eine lautete: „Save the date – Late Night Seminar ‚Rulebreaker'". Damit war mein Interesse bis zur Begehrlichkeit entfacht. Was kann schließlich verlockender sein als die Aussicht auf ein, ich zitiere weiter, „gemütliches Get Together" mit „drei renommierten Keynote Speakers"? Die zweite Nachricht betraf die Einladung zu einer Buchpräsentation. Sie lautete: „Reminder – Vom Sponsoring zur Corporate Cultural Responsibility" – und sie hatte der Überschrift der ersten Nachricht immerhin zwei überlebende deutsche Worte voraus, nämlich „vom" und „zur". Absender war der Verein „Kulturkontakte", womit die Metapher vom Bock und vom Gärtner neue Dimension erreicht hatte. Auch die andere veranstaltende Institution war überraschenderweise österreichischer Herkunft: nämlich eine heimische Bank.

Und nicht etwa die Nationalbank von Papua-Neuguinea, die ich zunächst im Verdacht hatte, weil nämlich Papua-Neuguinea eines der Mutterländer des historischen Pidgin English ist. Das ist jenes Kauderwelsch aus Minimalenglisch und Rudimenten der jeweiligen Nationalsprache, mit dem sich in den Kolonien Besatzer und Eingeborene zwecks Abwicklung primitiver wirtschaftlicher Vorgänge verständigten. Das trifft – weil ja die Sprache immer ein genauer Indikator gesellschaftlicher Vorgänge ist – präzise die Situation: Die Versklavung der Nationalstaaten durch die Märkte hat das Globalisierungs-Pidgin generiert.

Die Folgen sind kabarettistisch: Jeder Betreiber von mindestens zwei Maronibrateröfen deklariert sich per selbst designter und geprinteter Visitenkarte als CEO. Es kommt zu epidemischer Nobilitierungswut: Zweifelhafte botoxhältige Damen (so genannte Sil-Ikonen) heißen Charity-Ladies, Radiosprecherinnen Nachrichten-, ZiB- oder Ö3-Ladies. Und bereits standardisiert wird die Eissalonbesitzerin, die im Keller zwei ehemalige Lebensgefährten tiefgefroren hat, als Eis-Lady bezeichnet, was selbst Nichtbefürworter aristokratisch-feudaler Strukturen nicht mit Gleichmut hinnehmen können. Schlimmer aber ist, dass Eigenart, Farbe und Identität getilgt werden, wenn die Sprache zum bloßen Verständigungsmittel degeneriert.

Der Widerstand derer, die zum Widerstand berufen wären, hält sich in Grenzen, wie das eingangs genannte Beispiel eines stammelnden Kulturvereins belegt. Im Kulturabkommen der rot-grünen Regierung in Wien findet sich ein Passus, der „gender und migrant mainstreaming" vorschreibt. Ich brauche nicht einmal zum Inhaltlichen vorzudringen (obwohl mir auch dazu etwas einfiele), um mich vor einem in Gorbach-Englisch abgefassten Kulturabkommen zu ängstigen.

Dazu kommt eine fatale Entwicklung im Bildungsbereich, nämlich die apartheidartige Geringschätzung der künstlerischen und geisteswissenschaftlichen Fächer gegenüber den naturwissenschaftlichen Disziplinen. Das hat an den Schulen begonnen – selbst ich, der ich das Gymnasium noch in der Monarchie beendet habe, musste mich zwischen Musik und Zeichnen entscheiden. Ich habe daher zwar eine für mich frucht- und nutzlose Ausbildung in höherer Chemie genossen, aber so Fundamentales, Lebensnotwendiges wie die Namen Goya, Gauguin oder Mondrian keine Sekunde lang zu hören bekommen. Und das in einem Humanistischen Gymnasium mit vier Jahren Griechisch.

Mittlerweile ist diese Entwicklung an den Hochschulen eingetroffen. Den Einlassungen eines deutschen Biologen zufolge sind die Geisteswissenschaften Wissenschaften zweiter Klasse respektive gar nicht als Wissenschaften im engeren Sinn zu sehen. Lang vorbei ist die Zeit von Universalgeistern wie Blaise Pascal, der ein großer Physiker und Philosoph war; von Goethe oder von Novalis, der sagte: „Das Leben der Götter ist Mathematik" (der Mathematiker Rudolf Taschner ist eine der entsprechend hell leuchtenden Ausnahmen). Vergessen ist, dass im Altgriechischen „Kunst" mit „Techne" übersetzt wird. Dabei erlebt man ständig, wohin es führt, wenn Naturwissenschafter von den Grundlagen der Ethik (etwa der außer Gebrauch geratenen Philosophie) abgeschnitten sind, denken wir an die Gentechnik und die Kernphysik. Einstein, ein umfassend gebildeter Mann, hatte hinsichtlich des von ihm Angebahnten wenigstens noch Skrupel. Womit ich wieder zum Thema im engeren Sinn zurückkehre, denn zu allem Übel ist im naturwissenschaftlichen Bereich Deutsch als Verkehrssprache praktisch abgeschafft, was sich wiederum über die Schulen nach unten fortpflanzt: Ich kenne im pädagogischen Bereich hochqualifizierte, ja brillante Diplomingenieure mit bedrohlichen Rechtschreib- und Grammatikdefiziten.

Die PISA-Studie, die von Rudolf Taschner übrigens im Bereich der Scharlatanerie verortet wird, ist exemplarisch für die Entwicklung: Es steht hinsichtlich der abgefragten Fertigkeiten 2:1 für Mathematik und Naturwissenschaften. Und so wurden bei Halbwüchsigen zwar Details zur Zellstruktur des Klon-Schafs Dolly abgefragt, aber der einzige sozusagen geisteswissenschaftliche Teil beschränkt sich auf die Lesefähigkeit. Also das Mindeste vom Mindesten, vergleichbar etwa der Beherrschung des Kleinen Einmaleins. Als Resultat dieser pädagogischen Schieflage können junge Leute nun auch nicht mehr lesen. Der Grund liegt in genau jener Entwicklung, die sich im erwähnten Verhältnis 2:1 exemplifiziert: Wenn zwar Schafeuter, nicht aber Kunst, Philosophie, Ethik, Geschichte als Bildungsgrundlagen verstanden werden, ist der Weg in den Analphabetismus autobahnbreit gebahnt.

Nicht genug, dass in der Shoah das gebildete Bürgertum dezimiert wurde: Mit dem – in anderer Hinsicht durchaus segensreichen – Jahr 1968 wurde der Begriff „Bildungsbürger" generell zum Schimpfwort. Der stolze Ignorant, der Wert darauf legt, mit Goethe und Schubert nichts zu tun haben zu wollen, wurde salonmarxismusfähig. Interessanterweise sind aus dieser Generation aber nicht etwa Legionen genialer Physiker und Mathematiker hervorgegangen, sondern Legionen von Politologen,

Soziologen und Publizisten, die dann bevorzugt in der Politik, der Beamtenschaft oder im Journalismus unterkamen. Und schmerzlich für einen anhaltend links denkenden Menschen ist die Erkenntnis, dass die Kultur in konservativ regierten Ländern wie Bayern oder hierzulande Niederösterreich floriert, weil sie von der Politik üppig mit Geld ausgestattet wird. Während sie andererseits im linken Berlin zwischenzeitlich fast zu Tode regiert wurde.

Eines der für die deutsche Sprache finstersten Jahre war 1996, das Jahr der Rechtschreibreform. Ich habe damals für einen Bericht die bedeutendsten österreichischen Autoren befragt. Einige leben nicht mehr, etwa Ernst Jandl, H. C. Artmann und Christine Nöstlinger. Aber keiner – weder Peter Handke noch Elfriede Jelinek noch Robert Menasse – wollte sich finden, der dieser Reform nicht Dilettantismus attestiert hätte. Sie war inkonsequent, von innen her unlogisch und musste alsbald adaptiert werden, woran sich die Schul- und Wörterbuchverlage saniert haben. Die Folge war, dass es praktisch keine Rechtschreibung mehr gibt. Der Unterschied zwischen dem Pronomen „das" und der Konjunktion „dass" zum Beispiel erschließt sich nur noch einer Minderheit, seit das markante scharfe ß an dieser Position verloren ging. Die für den österreichischen Beitrag an diesem kläglichen Pfusch Zuständigen verantworten jetzt die PISA-Studie, womit sich der circulus vitiosus schließt.

Ich komme zum vielleicht düstersten Kapitel: der mangelhaften Sprachvermittlung an Kinder, die auch Ausgangsmaterie eines anderen Kapitels dieses Buches ist. Versuchen Sie einmal, Kinderbücher in adäquater Sprache zu finden, wenn Sie mit den Klassikern – Erich Kästner, Mira Lobe, Astrid Lindgren, Christine Nöstlinger – durch sind!

Es scheint, als hätten sich die Unterbelichteten aller Ethnien und Disziplinen literarisch gegen eine Zielgruppe verschworen, der sie sich intellektuell gewachsen wähnen. Der Markt ist da, also öffnet sich die Büchse der Pandora. Ehemalige Models, gescheiterte Werbetexter, in den biologischen Ackerbau emigrierte Sekretärinnen: Da wird im Schweiße unseres Angesichtes gedichtet, und zwar in der Unter-21-Liga, womit ich den Intelligenzquotienten und den Wortschatz der Verfasser meine. Das regionale Idiom ist in umfassendem Rückzug begriffen, es lohnt sich einfach kommerziell nicht, etwas in Österreichisch, Schweizerisch oder Berlinerisch zu verfassen, es klingt alles wie die Moderation des „Dschungelcamps".

Es wird Sie vielleicht überraschen, dass ich große Sympathie für die Einführung eines Literatur-Index nach vatikanisch-exorzistischem Vorbild habe. Nur, dass es bei mir nicht Boccaccio, Voltaire, Oskar Panizza (lesen Sie unbedingt „Das Liebeskonzil"!) oder den biederen Umberto Eco träfe. Meine persönliche Spitzenkandidatin in der Kategorie „Teufelswerk" ist vielmehr eine gewisse Liane Schneider, Verfasserin der massenhaft unter die Vorschülerschaft gebrachten „Conni"-Bücher. Die thematisieren in unzähligen Episoden die Erlebnisse eines vierjährigen Mädchens, das die Allegorie fröhlichen Funktionierens ist. Es macht in den Ferien das goldene Schwimm- und Wanderabzeichen, ehrt den Landwirt, übernimmt im Kindergarten kontrolliert Verantwortung und freut sich schon auf den nächsten Zahnarztbesuch. All das im Deutsch des Formblattes für Kindertagesstätten, herausgegeben von der Bottroper Stadtverwaltung. Conni ist überall, war auch bei meinen Töchtern. Conni kann man so wenig verbieten wie das Ozonloch oder Hansi Hinterseer. Verschärfend gibt es noch die korrekte Variante für Bobos, die folgendermaßen klingt: „Papa radelt schon mal mit dem kleinen Tim im Tragetuch zum Bioladen. Dort kaufen sie bei der freundlichen Verkäuferin Gurken und Möhren für einen leckeren Salat. Das schmeckt und ist gesund. Mama kommt aus der Werbeagentur nach Hause. Klingeling macht schon ihr Fahrrad. Conni hat in der Kindertagesstätte mit ihrem besten Freund Süleiman Mülltrennung gespielt. Alle hören aufmerksam zu." Da karikiert sich der gute Zweck selbst, und es würde mich nicht wundern, wenn die kleinen Adressaten als Folge dieser kretinösen Anstrudelung später grausliche Beiträge über den Süleiman ins Internet stellen.

Bildungsfragen oder
Der Weg ins Neandertal

Bleiben Sie Leser.
Gegen die amtliche Analphabetisierungskampagne

„Bleiben Sie Leser!" Mit dieser – gegen alle Vorhaltungen un-gegenderten – Aufforderung beende ich jede Ausgabe meines Literaturmagazins „Erlesen" im Sender ORF III. Klar, dass mir da eine von der neuen Regierung bis dato unwiderrufene An-kündigung der alten Regierung den Schlaf raubt: Schon die Volksschulkinder sollen künftig mit Tablets bemustert werden, und zwar als Teil des Lehrplans. Damit, so werde ich weiter be-lehrt, sollten die Kleinsten in die Erfordernisse des Lebens ein-gewiesen werden. Bildungspolitiker aller Parteien stehen dem Ansinnen wohlwollend gegenüber, die Umsetzung dürfte nur eine Frage der Zeit sein.

Das hat eine gewisse Folgerichtigkeit, wenn auch keine gute: Kinder sind in diesem Alter noch begeisterte Leser, voraus-gesetzt, ihnen werden die Grundlagen zugänglich gemacht. E-Books spielen in der kindlichen Welt noch keine Rolle. Kin-der wollen ein Buch in Besitz nehmen und in der Hand halten. Bücher machen in der Klasse die Runde, werden empfohlen, verworfen und weitergeborgt. In zunehmender Zahl dringt aber auch schon das Smartphone in die Welt der Allerkleins-ten vor. Es bietet leicht verfügbare Ablenkung, und wer immer selbst Kinder hat, weiß: Es ist der entschlossenste Konkurrent des Buches, und es erstarkt beunruhigend. Es zu verteufeln, ist kontraproduktiv. Aber es auf dem Verordnungsweg in der Vor-stellungswelt von Volksschülern zu installieren, ist ein funda-mentales, bekämpfenswertes Missverständnis.

Seinen Ursprung hat das Malheur, wie manches Schrecknis aus dem Bildungsbereich, im hohen Norden. In vergangener

Zeit galt es als pauschal vereinbart, dass alle Torheiten ihren Ursprung in Amerika hätten. Heute nimmt, mit womöglich größerer Berechtigung, Finnland diesen Platz ein, das vielerorts hysterisch kanonisierte Musterland der Generation PISA.

Nehmen Sie das als Vorwort zum Schulthema, das uns noch eine Weile begleiten wird. Und lassen Sie mich als schon aktenkundigen Sympathisanten des päpstlichen Exorzisten Francesco Bamonte (vom Orden der *Diener des Unbefleckten Herzens Mariens ICMS*) mit drei Damen beginnen, denen ich die Dienste des Gottesmannes gern vermittelt hätte.

Schmied, Heinisch-Hosek, Hammerschmid: die schrecklichen Drei

Drei Bildungsministerinnen – alle SPÖ – musste ich durch ihr schreckenvolles Wirken begleiten. Hurtig ins Amt gelangt, aber nicht hurtig genug aus demselben geschieden, haben sie alle ihren Beitrag zur nationalen Dummheitsverfestigung geleistet. Obwohl ihnen die Gesamtschule, das Gottesgnadentum des Klassendeppen, trotz leidenschaftlicher Anstrengungen nicht geschenkt wurde.

Die erste war Claudia Schmied: ohne pädagogische Vorbildung oder Kompetenz, aber von brandgefährlichem Reformfuror geritten. Sie hat die Lehrer, denen man für ihren beherzten Widerstand nicht dankbar genug sein kann, systematisch als faule, parasitierende Gehaltsveruntreuer diffamiert und ihnen damit die Autorität, das zur Berufsausübung unerlässliche Instrument, aus der Hand geschlagen. Seither sind die Pädagogen in stetiger Defensive und die Eltern zum Hauptproblem des pädagogischen Ablaufs geworden: Jeder bei Google promovierte Trottel mengt sich erhobenen Hauptes in Fachdispute, die zu durchschauen ihm Gott, der Herr, weitblickend verwehrt hat.

Das gottlob Wenige, was Claudia Schmied durchsetzen konnte, war im glimpflichen Fall millionenteure Türschilderkosmetik wie die Umbenennung der Hauptschule in Neue Mittelschule. Als wahres Verhängnis hingegen stellte sich alsbald die Zentralmatura heraus, ein weiterer Schritt zur Marginalisierung und Demütigung des Lehrers, der unter die Kuratel fach- und kindferner Bürokraten gestellt wurde. Die eigens für dieses Zerstörungswerk erfundene Bundesbildungsbehörde BIFIE führte (bis zu ihrer überfälligen Demontage durch den türkisen Bildungsminister Faßmann) ein Schreckensregiment, das weder durch das eigene grenzsurreale Versagen an der Zentralmatura noch durch interne Putschvorgänge gebrochen werden konnte.

Schmieds Nachfolgerin Gabriele Heinisch-Hosek war zwar gelernte Hauptschullehrerin, hatte aber (ich bitte um Nachsicht für den Kalauer) den B-Zug zur intellektuell avancierten Realität verloren.

Dann aber kam die von mir rund um die Uhr (also exklusiv am linken Handgelenk) verehrte Sonja Hammerschmid, der als Bildungsministerin anno Kanzler Kern nur eineinhalb Amtsjahre geschenkt waren. Im ersten Leben Rektorin der Veterinärmedizinischen Universität in Wien, blieb sie auch im neuen Amt eine engagierte und erfolgreiche Anwältin der stummen Kreatur: Rasch und effizient arbeitete sie an der Multiplikation der nationalen Analphabetenquote von derzeit 17,1 Prozent. Ja, ich habe sie geliebt. Allerdings nur (aber dafür sehr) in meiner Eigenschaft als Nebenerwerbssatiriker.

Wie habe ich mich auf die 5000 Lehrer gefreut, die sie einzustellen versprach! Zur Sicherstellung der Finanzierung hätte sie nur noch an ihrem früheren Wirkungsort den Sparpädagogen züchten müssen: eventuell durch Kreuzung mit der Grünen Schwefelbakterie, einem von der Biologie so bezeichneten „Selbsternährer" (durch Sonnenlicht).

Auch der von ihr auf den Weg gebrachte Umstieg vom Buch auf das Tablet war als konsequenter Schritt auf dem Heimweg zum Primaten zu würdigen. Tatsächlich spielt das Buch ja im Tierleben eine vergleichsweise untergeordnete Rolle, während das Wischen auf dem Smartphone jedem höheren Säuger durch Dressur vermittelt werden kann.

Dieser Quantensprung zum endlich gerechten Bildungssystem kann also nur begrüßt werden, und das auch aus medizinischen

Erwägungen: Hat die EU doch eine ernste Warnung ausgegeben, dass der Gebrauch von Buntstiften wegen des hohen Bleigehalts derselben mit Lebensgefahr verbunden ist. Auch in diesem Fall kann man für den Hinweis nicht genug danken: Tatsächlich drohen beim wöchentlichen Verzehr von mehr als zwei Großpackungen Jolly oder Koh-i-Noor ernste gesundheitliche Beeinträchtigungen, vor allem, wenn die Blechschachtel mitgegessen wird.

Womöglich noch beglückender war die ministerielle Anregung, künftig das gesamte Bildungswesen, vom Kindergarten bis zum Universitätsabschluss, in einer Hand zu vereinen. Hier stand man schon kurz vor dem Durchbruch. Das verpflichtende zweite Kindergartenjahr hätte der Behörde die ersehnte Handhabe gegeben, im Bedarfsfall selbst einem Nobelpreisträgerehepaar das intellektuelle Sorgerecht zu entziehen, damit das Kind in den Gebrauch des ministeriell verordneten Laptops eingewiesen werden konnte. Über die Gesamtschule wäre es per Zentralmatura an die Uni gegangen, wo der akademische Grenzalphabet schon seit Längerem Gestalt annimmt (besonderer Dank dafür den von Kulturrückständen gesäuberten gymnasialen Lehrplänen). Wären nun noch verbindliche Erwachsenenbildungsmodelle entwickelt worden, so hätte am Ende nur noch einer gefehlt: der Beerdigungsblockwart, welcher, als Leidtragender verkleidet, Genderungsvergehen bei Begräbnissen und auf Grabsteinen zur Anzeige brächte. Das wäre die Vollendung des Bildungsmodells 4.0 gewesen, worunter (ich habe es schon mehrfach angedeutet) mutmaßlich der angestrebte Intelligenzquotient zu verstehen war.

Der vielleicht höchste Stellenwert aller behördlichen Bemühungen zum Ausbau der nationalen Analphabetenquote kommt allerdings bis heute der Zentralmatura im Fach Deutsch zu.

Du meine Goethe, die Zentralmatura!

Wohin denn der Literaturunterricht abhandengekommen sei, fragte verblüfft die Mutter einer sechzehnjährigen Wiener

Oberstufengymnasiastin beim Deutschprofessor nach. Seit einem Jahr schon vermisse sie, womit zu ihrer Zeit 90 Prozent des geliebten Hauptfachs befasst waren – und worauf Mutter und Tochter, beide begeisterte Leserinnen, sich gefreut hatten. Statt sich in den vier Jahren zwischen fünfter und achter Klasse lesend vom Nibelungenlied zu Grass, Jelinek und Kehlmann vorzuarbeiten, erlernt die Tochter im neusprachlichen Zweig systematisch das Verfassen von Leserbriefen und Bewerbungsschreiben, verfeinert sich im Verständnis von Gebrauchsanweisungen und Zeitungskommentaren und schärft sich in der „Meinungsrede". Ein Begriff, den die Mutter im Duden vergebens suchte.

Weniger verblüfft als empört vernahm sie die Antwort des Pädagogen: Literatur wäre „nicht mehr erwünscht" und bloß am Rand vorgesehen, da für die Matura ohne Belang. Deren Erreichung wäre schließlich das Bildungsziel. Um Präzisierung ersucht, entrollte er die Prinzipien der seit diesem Schuljahr für alle Gymnasien verbindlichen schriftlichen Zentralmatura:

- Literaturgeschichtliche Fragen sind untersagt.
- Die „Leseliste", ein bisher verbindlicher Kanon von 20 bis 40 Werken der Weltliteratur, ist abgeschafft, darf weder verlangt noch geprüft werden.
- Vielmehr ist aus drei Großthemen zu wählen, die ihrerseits in je zwei Unterabteilungen zerfallen. Eines der drei Großthemen muss sich auch auf Literatur beziehen. Allerdings marginalisiert und in verquältem bis abstrusem Kontext zu Gebrauchsthemen.

Christoph Janacs, Lyriker und Deutschprofessor an einer Höheren Technischen Lehranstalt in Salzburg, setzte sich mit der Interessengemeinschaft (IG) österreichischer Autorinnen und Autoren und mit Intellektuellen wie dem Philosophen Konrad Paul Liessmann an die Spitze der Protestbewegung. Er übermittelt ein surreal anmutendes Beispiel, das den Versuchsschulen anno 2013 vom damals zuständigen Bildungsinstitut BIFIE zugemutet wurde.

„Thema 3: Reisen", steht da. Es folgen Eichendorffs Gedicht „Sehnsucht" und Franz Kafkas wenige Zeilen langes Fragment „Der Aufbruch", das von der metaphysischen Auflösung aller Lebenssicherheit handelt. Das ist der erste, der literarische Teil. Der zweite ist das Faksimile des Artikels „Matura-Reisen: Anbieter werden immer dreister" aus der „Kleinen Zeitung". Man möge, so u. a. die Aufgabenstellung, anhand dieser drei Beispiele den Begriff der Reise eingrenzen, sich in die Position eines Maturareisenanbieters versetzen und sich „in angemessener Form" gegen Verunglimpfung der Branche wenden.

Skandalös wirkte sich das Verfahren im Frühsommer danach aus: Da wurde unter dem diffusen Titel „Mensch und Natur" ein Romanauszug des unbedeutenden Nazi-Dichters Manfred Hausmann einer Reportage über Staudämme in China gegenübergestellt. Ohne um die Beschaffenheit von Werk und Autor zu wissen, mussten die Probanden einen Textbrocken ideologisch bedenklichster Art lediglich auf seine Kompatibilität mit Umweltfragen untersuchen. „Welche Idioten haben das veranlasst?", fragt da der große österreichische Romancier Gerhard Roth mit der Bitte um wörtliche Zitierung.

Ein Jahr später durften sich die Kandidaten einem bildungsbehördlich missverstandenen Gedicht von Mascha Kaléko widmen; ergänzend war ein Leserbrief zum Thema „Zeitunglesen" zu verfassen, gegendert und in vorgegebener Buchstabenzahl.

Der Begriff des Anstoßes lautet „Textsorten": Ihrer neun, unter ihnen die erwähnten Leserbriefe, Kommentare oder Gebrauchsanweisungen, werden bei der Matura verlangt und daher oft schon in der Unterstufe panisch trainiert. Liessmann, der die Materie in der Streitschrift „Geisterstunde – Die Praxis der Unbildung" thematisierte: „Unter denen ist die Literatur völlig zurückgedrängt, nur noch eine Textsorte unter vielen anderen." – „Literatur ist praktisch eliminiert", empört sich Janacs. „Wir dürfen keine Ganztexte mehr abfragen. Das Ministerium hat die Liste der Pflichtlektüre ausdrücklich verboten. Sämtliche Dramen, Romane oder Erzählungen fallen als Grundlage für die

Matura weg. Damit", kommt er auf die noch weiter reichenden Konsequenzen zu sprechen, „sind sie auch als Lehrstoff überflüssig und an vielen Schulen unerwünscht. Maturanten sollen zu Bruchstücken eines Romans, den sie gar nicht kennen, Stellung beziehen. Als sollte man ein Gemälde in Kenntnis von zwei Quadratzentimetern kaufen."

Mit anderen Worten: Die 38,1 Prozent der Landsleute über 15, die stolz zu verstehen gaben, im demoskopisch abgefragten Jahr kein Buch in die Hand genommen zu haben, sind noch erweiterbar. Und die 34 Prozent, die sich in einer Umfrage aus dem Jahr 2011 als Konsumenten von zehn oder mehr Büchern jährlich deklarierten, könnten mittelfristig eher die 30 Prozent der Kategorie „drei oder weniger" verstärken.

Das Unbehagen hat mittlerweile die besten Kreise erfasst. „Alles, was gelesen werden kann, muss auch gelesen werden", verteidigt Literaturnobelpreisträgerin Elfriede Jelinek den Kanon, „sonst wird es immer jemand geben, der glaubt, einem das Wort verbieten zu können. Das wäre den Herrschenden vielleicht ganz recht." Im selben Sinn erklären sich Peter Turrini, Gerhard Roth oder Michael Köhlmeier. Der um eine Generation jüngere Clemens Setz hingegen zieht die Abprüfbarkeit von Kunst generell in Zweifel. Und auch Janacs räumt ein, man habe wohl durch ein Übermaß an lexikalischem Wissen den Pendelausschlag in die Gegenrichtung provoziert.

Ursprünglich war das Literaturthema zur Matura gar nicht vorgesehen, sagt Gerhard Ruiss von der IG Autorinnen und Autoren. Nach harschen Einsprüchen bei der damaligen Ministerin Schmied erkämpfte er zumindest das eine Restthema.

Liessmann: „Das Ganze ist das Resultat eines Systemfehlers, der ausschließliche Kompetenzorientierung in den Mittelpunkt rückt." Was forsch und zweckgerichtet klingt, nennt er den Quell des Verhängnisses: „Man verzichtet darauf, Inhalte anzugeben, zum Beispiel eine literarische Epoche zu verstehen. Es geht nicht mehr darum, zu wissen, dass es zentrale Werke für die Entwicklung der Menschheit gibt, die ein Maturant gelesen haben muss, sondern darum, dass der Schüler irgendeinen Text völlig beliebiger Qualität zum Zweck ökologisch korrekter Meinungsabsonderung mit Staudämmen in China in Verbindung bringen kann. Literatur dient bestenfalls noch als Aufhänger."

„Wenn der Lehrer alles andere durch hat, darf er auch lesen", stimmt Ruiss bei. In der Tat ist das Bild der Praxis uneinheitlich. Der Lehrplan verbietet die Lektüre nicht, neben den Lehrbüchern, einem wilden Konglomerat aus Gebrauchstexten und fragmentierter Literatur, wird auch eine sehr gute Literaturgeschichte angeboten. Die aber wird zunehmend zum Luxus für Freizeit-Schöngeister. Zu den Schularbeiten wird alternativ auch ein Literaturthema gestellt. Nur nimmt das kaum noch einer.

Manche Kollegen hätten das Lesen mit der Klasse praktisch aufgegeben, sagt Janacs. Andere betrieben es demonstrativ. „Aber", wendet ein nicht genannt werden wollender Deutschprofessor ein, „versuchen Sie das auf die Dauer gegen den Willen der Direktion und gegen die Proteste der Eltern, die ihr Kind, was ihr gutes Recht ist, vor allem sicher durch die Matura bringen wollen."

Der emeritierte Wiener Germanistik-Ordinarius Herbert Zeman nennt eine Zahl: Hätte die Literatur früher 90 Prozent des Oberstufenunterrichts eingenommen, so wären heute 20 Prozent noch optimistisch gerechnet. „Begonnen hat es an den Universitäten mit der Abschaffung der Literaturgeschichte zugunsten fast ausschließlicher Konzentration auf die Gegenwartsliteratur", verweist er auf die in den späten Sechzigerjahren angebahnte Entwicklung. „Damit ist uns das Verständnis für die historische Dimensionierung der großen literarischen Entfaltungen abhandengekommen. Dann ist man von den großen gestalterischen Fragen zum rein Inhaltlichen übergegangen. Zu den heutigen Allerweltsthemen, die mit Literatur nichts zu tun haben, ist es da nur noch ein Schritt. Um die Bedeutung der älteren Literatur überhaupt zu erkennen, braucht man eine Bildung, die weitgehend abhandengekommen ist. Beraten von irgendwelchen Damen und Herren, die aus genau dieser Ausbildung kommen, schafft der Gesetzgeber aus Unbildung die Literatur ab."

Der ehemalige Wiener Stadtschulratspräsident Kurt Scholz bestätigt das. „Erst hat man aufgehört, in der Schule Gedichte zu lernen. Dann hat man begonnen, der Klassik zu misstrauen. Dann hat die Literatur überhaupt an Bedeutung verloren. Smart, trendig, PISA-tauglich, ein flacher Modernismus: Das ist alles, was die versagende Bildungspolitik zusammenbringt." Tatsächlich sei das Starren auf die ausschließlich kompetenzorientierte PISA-Studie eines der Hauptprobleme, sagt Liessmann. Und Ruiss: „Die Situation ist grotesk. Einerseits beklagt man den Rückgang der Lesefähigkeit, andererseits schafft man das Lesen ab."

Scholz, derzeit Restitutionsbeauftragter der Stadt Wien, macht noch einen heiklen Punkt namhaft: „Dazu kommt die Migration. Klar, dass da viele mit der deutschen Literatur nichts anfangen können." Dem Argument kann Gerhard Roth etwas abgewinnen. Janacs hingegen widerspricht: Er habe keinen Zusammenhang erkennen können. Und Zeman: „Ich bezweifle, dass es überhaupt eine Intention gibt. Womöglich ist das nur die Akzeptanz der Blödheit des Lebens."

In Handelsakademien sei Deutsch als Maturafach schon eliminiert, sagt Janacs. Hier wird dafür ein diffuses Fach namens „Kultur" abgefragt. Noch dramatischer sei die Situation im Englischunterricht. Die Literatur sei dort weitgehend verschwunden, in den Berufsbildenden höheren Schulen explizit unerwünscht. „Aber auch im Gymnasium ist es möglich, dass jemand die Englisch-Matura besteht, ohne je eine Zeile von Shakespeare gelesen zu haben."

Die Folgen sieht Liessmann im Bereich der Verheerung: „Die Matura ist damit wesentlich ideologiebehafteter als je zuvor. Unter dem Vorwand, Literatur zu interpretieren, werden die Schüler darauf trainiert, sich gesellschaftlichen Erwartungshaltungen und der Mainstream-Ideologie anzupassen. Was man nicht mehr lernt, ist, ein Gefühl für die Literatur zu entwickeln, die ein Wert für sich ist. Hätte ich mit 16 Jahren nicht Handke und Bernhard entdeckt, wäre meine Sozialisation anders verlaufen. Heute kann man nur hoffen, Eltern und Lehrer zu haben, die das privat betreiben."

Und Literaturpapst Zeman: „Ich halte das für den Ausverkauf Europas. Von Homer über Shakespeare und Goethe zu Kafka und der Gegenwart – wenn wir das nicht mehr kennen, verkaufen wir unsere letzte Bastion. Dann sind wir bald ein geistig heimatloser Naturraum." Aber über chinesische Staudammprojekte wissen wir dann alles.

Hier sprechen die Autoren

Elfriede Jelinek

„Also ich kann nur für mich selbst sprechen. Seit ich es kann, habe ich immer nur gelesen (vorher wurde mir fast ununterbrochen vorgelesen). Schon als Schülerin habe ich mich durch den sogenannten Kanon hindurchgearbeitet (obwohl ich da, wie jeder, auch große Lücken habe und der Kanon ja selbst, als historischer Filter, Lücken erzeugt) wie durch einen riesigen Berg Essen im Schlaraffenland. Alles, was gelesen werden kann, muss auch gelesen werden, sonst wird es immer jemand geben, der glaubt, einem das Wort verbieten zu können. Das wäre den Herrschenden vielleicht ganz recht."

Michael Köhlmeier

„Mit dem Literaturunterricht wird den Menschen die grundlegende Kulturtechnik genommen, sich sprachlich auszudrücken. Das ist Sabotage an der Zivilisation. Sprache lernt man am besten durch das Lesen. Daran kommt man nicht vorbei. Man nimmt den Kindern sonst die Möglichkeit der Bezauberung unter dem Aspekt, dass man Literatur am Arbeitsplatz nicht braucht. Aber nur, wer sich gut ausdrücken kann, bekommt den besseren Job. Ohne Sprache kann man auch am Glück nicht arbeiten. Man nimmt den Menschen die Technik, sich Freude zu bereiten."

Peter Henisch

„Ich sehe darin einen signifikanten Beitrag zu einer Entwicklung, die seit Jahren vorangetrieben wird. Lesen (und Schreiben) gefährdet die Dummheit. Ja, genau. Auf der einen Seite bejammert man das Vordringen eines neuen Analphabetismus, auf der anderen trägt man durch Maßnahmen wie diese dazu bei. Wieso hat ein kleines Land so viele interessante Autorinnen und Autoren hervorgebracht? Das war eine Frage, die noch in den Siebzigerjahren oft gestellt wurde, und die Kulturpolitik, die es damals noch gab, wusste das zu schätzen. Nebenbei hatte dieses Land einen hoch belesenen Kanzler (Kreisky, Anm.), der damit rechnen konnte, dass sein Wahlvolk nicht nur Bahnhof verstand."

Clemens Setz

„Ich würde gern gegen kulturfeindliche Entwicklungen und ein sich gegenseitiges Unterblöden durch die Beschränkung auf das Lesen von Sachtexten polemisieren, wenn klar wäre, dass dadurch ein echter Schaden entsteht. Literaturunterricht kann auch problematisch sein: Muss man zu viel lesen, kann es sein, dass einem das Lesen für immer vergällt wird. Lesen von Literatur mit einer Schulnote zu verbinden, ist obszön. Statt Literatur zu prüfen, soll man sie reich im Unterricht vorkommen lassen und lehren, wie man sie genießt."

Peter Turrini

„Der Literaturunterricht in den Oberstufen der Gymnasien verschwindet mehr und mehr. Wenn der Klang und die Vielfalt der dichterischen Worte verstummen, dann wird es auch in den Oberstübchen der Gymnasiasten immer stiller und leerer. Wer will das?"

Gerhard Roth

„Ich frage mich, ob das nicht auch vom hohen Prozentsatz zugewanderter Kinder kommt, für die deutschsprachige Literatur zu viel Lernmaterial bedeutet. Ich bin kein Mitglied einer Kirche, aber wir können nicht diskutieren, dass wir im christlichen Abendland leben und dass dieses Europa aus der jüdisch-griechisch-christlichen Entwicklung kommt. Wenn wir unser Wissen über Kunst aufgeben, schaffen wir uns selbst ab. Musik und Kunst wurden schon marginalisiert, jetzt ist das Lesen dran. Das ist nackte Ideologie: Wir sollen uns von unserer Kultur trennen, unsere Ausbildung soll auf den Arbeitsprozess zugeschnitten werden."

Marlene Streeruwitz

„Wie die Demokratie kommt unsere Literatur aus dem 18. Jahrhundert und es ist ja auch logisch, dass nur Personen, die wissen, in welcher Vielfalt Geschichten erzählt werden können, ihre eigenen Leben als ihre eigene Geschichte begreifen können. Erst aus einem solchen Wissen kann frei und demokratisch gehandelt werden. Ohne die Vielfalt dieser Erzählungen, wie sie die Literatur vorlegt, kann die Politik bei vorgeschriebenen Texten bleiben, unter die die Leben der Personen eingeordnet werden müssten, und die Personen verblieben im Gefängnis der Sprachlosigkeit. Zur Kultur der Demokratie gehört die Literatur als Modell der Freiheit."

Zum Nutzen der Zentralmatura

Das Vorangegangene belegt eindrucksvoll die Auswirkungen des Gottesgnadentums der „Textsorten", unter ihnen zentrale Bildungsmaterien wie „Leserbrief", „Meinungsrede" und „Offener Brief". Genderungsvergehen sowie die Unter- oder Überschreitung verordneter Textlängen werden mit Punkteabzügen geahndet. (An solchen laborierte übrigens auch meine jüngere Tochter, die in der ersten Gymnasialklasse angehalten wurde, Fantasieaufsätze à 200 Wörter plus/minus zehn Prozent zu verfassen, womit der Widersinn in den Rang des Beispielhaften erhoben wird.)

Schon anlässlich der Gründung der Bildungsbehörde BIFIE quälte mich der Verdacht, ein Aktionskommando entgleister Ministerialbürokraten im offenen Therapievollzug habe den Arbeitgeber unterwandert. Denn: Auf welche Art Beruf sollen die künftigen Meinungsredner eigentlich vorbereitet werden? Querulanten mit Ganztagsfreizeit? Pedantische Verstopfer des bürointernen Aktenlaufs? Biertischpolitiker mit Aufstiegsoption zum Wirtshausraufer? Gewerbliche Kampflobhudler und -Shitstormer, die sich auf Taglohnbasis den Parteizentralen verpflichten?

Klar ist nur die Absicht: Literatur ist weder regulierbar noch bürokratisierbar, sie ist frei und unkorrekt, macht unabhängig und hell im Kopf. So betrachtet, dient das intellektuelle Lichtsparprogramm der behördlichen Existenzsicherung.

Die sozialdemokratische Bildungspolitik hat hier einen feisten Brocken Dummheit und Niedertracht hinterlassen, zu dessen Entsorgung der Nachfolgeregierung zu meiner Enttäuschung die Courage fehlt. Dass die Ausrichtung der Zentralmatura dem aus der Gunst gefallenen BIFIE entzogen und ans Ministerium delegiert wurde, hat dabei nichts zum Besseren gewendet. Denn das Problem ist die Zentralmatura selbst: Sie nimmt ambitionierten, begeisternden Pädagogen jeden Spielraum, sich auf die Förderung ambitionierter, begeisterter Schüler einzulassen. Die Maturaaufgaben erstellen vielmehr von allen guten Geistern nicht etwa verlassene, sondern nie penetrierte Bürokraten. Zöglinge humanistischer Gymnasien mit dem Hauptfach Altgriechisch müssen dabei dieselben Aufgaben lösen wie ihre Kollegen aus dem realistischen Zweig, die sich vier Jahre lang an Darstellender Geometrie erprobt haben.

Emsig wird hier errichtet, was der weltformatige österreichische Humangenetiker Markus Hengstschläger als „Durchschnittsfalle" in die Bildungsdebatte eingebracht hat: Statt begabte Schüler in ihren Kompetenzen zu ermutigen und tunlichst zur Exzellenz zu führen, prügelt man sie zu sinnlosen Exzessen in Materien, die sie für den Rest ihres Lebens nicht einmal mehr streifen werden. Speziell in Mathematik geht es dabei jährlich um die Existenz. Schon traditionellerweise endet hier die Zentralmatura im Debakel (2018 mit indiskutablen 18 Prozent „Nicht genügend").

Das wundert mich in ungefährer Kenntnis ihrer Erfinder nicht. Plastisch formt sich vor meinen Augen das Bild eines feixenden, händereibenden Männchens: Der Schulbetrieb hat es vor Langem abgeworfen, weil es Kinder nicht mag und weil die ihm dafür gemeine Zettel ans Sakko geklebt haben. Für die akademische Karriere war es zu dumm. Deshalb hat es sich im Speckgürtel der Ministerialbürokratie festgesetzt und feilt an verschrobenen mathematischen Texträtseln für den jährlichen Tag der Vergeltung, an dem das Leben wieder lebenswert ist.

Behördlichen Wohlwollens erfreuen sich dafür seit der Zerstörung des Literaturunterrichts die Analphabeten: Sie dürfen sich über die debilen „Textsorten" zur Reife stammeln, während musisch begabte Maturanten an mathematischen Eskapaden verzweifeln.

Genauso ist das pädagogische Ziel der Zentralmatura insgesamt angelegt: Gesucht wird der technisch-naturwissenschaftlich hochgerüstete Neandertaler, im Idealfall der mit dem Finger auf dem roten Knopf, der gerade als Maximalvariante des amerikanischen Traums die Welt in Atem hält.

Zur Verwirklichung dieses Bildungsziels formiert sich jährlich ein riesiger Bestand gereizter, HTL-zertifizierter Freilandmathematiker in den Internet-Foren. Frühsommer für Frühsommer trotten sie zu Hunderten an die Geräte, um gescheiterten Maturanten ihre Verachtung auszurichten. Meine diesjährige Lieblingseinschaltung – mit drei erheblichen Rechtschreib- und Interpunktionsfehlern in 21 Wörtern – erschien 2018 im „Standard": „Jeder mit einer Mathematura sollte in der Lage sein dem Mathe Stoff im ersten Semester der technischen Studien zu folen. Punkt." Wie, guter Mann, wäre aber das? „Jeder mit einer Deutschmatura sollte schauen das er in Deutsch Stoff so kann wie früer in B Zug von der Haupt Schule. Auch Punkt."

Womit wir uns ins Herz der bildungspolitischen Finsternis begeben: ins auch klimatisch bedingt dunkle, aber prinzipiell liebenswerte Finnland.

Finnland, Herz der Finsternis

Als Vater schulpflichtiger Töchter verfolge ich die Bildungsdebatte von der Barrikade aus, seit sie von elchgehirnigen finnischen Konzepten unterwandert wurde. Bildungsziel scheint die Nachzucht und Wiederauswilderung des Neandertalers zu sein – speziell seiner finnischen Untergattung, des Schneemenschen Isokäsi: Ursprünglich als Werbemedium für den regional gern genommenen Pfefferminzlikör Minttu ersonnen, hat das humanoide Affenwesen mit dem dichten Fellbewuchs Eingang in die finnische Nationalfolklore gefunden wie bei uns der Hustinettenbär, der Erdal-Frosch oder zuletzt Sebastian Kurz.

Der Anschluss an Finnland ist dabei drohende Realität, denn Bildungsromantiker fast aller Parteien träumen von dieser PISA-Modellregion. In Finnland herrscht die (z. B. vom schwarz-türkisen Vorarlberg forcierte) Gesamtschule. Ihre Einführung in Österreich nähme die Errungenschaften der Ära Kreisky aus den frühen Siebzigerjahren zurück: Die Konsequenz wäre Unbildung für alle, zumindest diejenigen, die keine Privatschule bezahlen können. Deshalb nimmt folgerichtig Kreiskys Widersacher, der Milliardär Hannes Androsch, mit Verve für die Gesamtschule Partei; nicht ohne zuvor seinen Sohn in ein katholisches Privatinstitut evakuiert zu haben.

In Finnland ist auch das Erlernen der Handschrift in Abwicklung begriffen. Dafür soll (woran erinnert uns das?) schon der Säugling auf den Computer, Modell Mutterbrust 4.0, konditioniert werden. Zuletzt sollten auch die finnischen Schulfächer abgeschafft werden: An die Stelle „toter Wissensinhalte" sollte PBL treten, das „phänomenbasierte Lernen". Statt sich etwa mit Geschichte und Latein zu behelligen, kann dann „eine Arbeitsgruppe ein römisches Gelage mit den damals verfügbaren Lebensmitteln" nachstellen: Komasaufen als zentrale Bildungsmaterie. Grammatik und Arithmetik werden an Computerprogramme delegiert.

Und all das mit den über Jahre besten Ergebnissen der gesamten PISA-Region! Bis sich herausstellte, dass diese Resultate noch den Ausläufern des früheren, besonders strengen finnischen Bildungssystems gutzuschreiben waren und dass die folgende Generation jetzt aus ihren Illusionen zu stürzen droht. Deshalb warten draußen in der Welt auch zwei grausame Postskripta: nämlich die neunthöchste Jugendarbeitslosigkeit unter den 28 EU-Staaten – unwesentlich niedriger als in Rumänien, unwesentlich höher als in der Slowakei – und die (nach Neuseeland) zweithöchste Jugendselbstmordrate der Welt. Der Weg von den römischen Gelagen in die Realität des Lebens dürfte unmenschlich hart sein. Dass er über PISA führt, sollte uns den Nutzen dieser Testmethode überdenken lassen.

Denn die Einschläge fallen immer dichter: Nach den Finnen wollte auch die Schweiz die „Schnürlischrift" (vulgo: Latein-schrift) abschaffen; die NEOS forderten Englisch als österreichi-sche Amtssprache; und Ministerin Hammerschmid hatte schon per Aussendung die „Zukunftsthemen" der Bildung festgelegt, nämlich „Mathematik, Technik & Co.". All das hatte seine Fol-gerichtigkeit. Wenn die Kleinen von der täglichen Turnstunde zum literatur- und musikbefreiten Unterricht ans ministeriell verordnete Tablet eilen: dann sollen Muttersprache und Hand-schrift die Entwicklung zur zentral programmierbaren mensch-lichen Festplatte nicht länger behindern. Ein konzertierter Vor-stoß ins intellektuelle NEO-Lithikum.

Damit dürfte es seit der konservativen Wende fürs Erste vor-bei sein. Leider musste mit den sozialdemokratischen Bildungs-visionen auch die gesamte, durchaus dringend benötigte Partei in den Abgrund, und die obwaltende Regierung ist nichts, wor-auf ich mich gefreut habe. Aber da eben nichts unvermischt böse ist (Andreas Gabalier eventuell ausgenommen), lebt wenigstens die Hoffnung auf Wiederaufbau des Bildungssystems.

Tatsächlich freut mich vieles: die Deutschklassen, die kleinen Sprachproblematikern eine entsprechende Grundausbildung zukommen lassen, damit sie den Klassenverband weder am Fortkommen behindern noch in ihm untergehen; die Wieder-einführung der auch von kleinen Nicht-Isokäsis geschätzten Volksschulnoten; die Aussetzung der Ideologiebombardements gegen das Gymnasium. Umso verwirrender erscheint ein Detail im Regierungsprogramm: Schüler sollen ihre Lehrer anonym benoten, woraus den Betroffenen finanzielle Konsequenzen er-wachsen können. Was mag damit in Zeiten steigender körperli-cher Übergriffe gegen Lehrkräfte bezweckt werden? Ein Förder-modell für begabte Gewalttäter? Ein Artenschutzprogramm für Analphabeten? Ein berufspraktischer Ausbildungszweig zum Denunzianten mit dem Ziel, unbotmäßige Pädagogen ins regie-rungseigene Hartz-IV-Programm zu befördern? Konsequenterweise müssten dann auch die Politiker die Wähler benoten: anonym, aber mit dem Ziel teilweiser bis völliger Aberkennung des Wahlrechts bei unstatthaftem Stimmverhalten.

Ein Aufruf zur Hirnstunde

Der rote Sportminister Doskozil, der zu meiner Beunruhigung auch Verteidigungsminister war, meldete einen Erfolg, den auch die türkis-blaue Nachfolgeregierung nicht infrage stellt: Bald soll die tägliche Turnstunde an Schulen Wirklichkeit werden. Ich erkläre mich da für unzuständig. Die Magie des Schweißfußes und der Trillerpfeife hat sich mir nie erschlossen, weshalb mein Verhältnis zum Turnunterricht schon in der Volksschule frostig war.

Für mich sind das Freizeitaktivitäten. Wenn sie flächendeckender Unterrichtsgegenstand werden, wünsche ich gerechterweise auch die Einführung der Wahlpflichtfächer „Komasaufen" und „Shitstorm" sowie der unverbindlichen Übung „Dein Weg zum perfekten Nacktselfie".

Mit Ungeduld hingegen erwarte ich eine Initiative des Kunstministers zur Einführung der täglichen Hirnstunde: eine Stunde täglich, in der man wieder Gedichte lernt, klassische Musik hört, Werke der bildenden Kunst entschlüsselt. Als kleinwüchsiger, schmächtiger, leicht übersehbarer Unterstufengymnasiast habe ich seinerzeit den Hang zur Rampe nicht etwa an der Langbank entwickelt, sondern an der Tafel bei der entfesselten Rezitation der „Bürgschaft".

So wie auch außer dem Klerus und mir praktisch niemand Nutzen aus der altgriechischen Sprache ziehen konnte: Als ich diesen gymnasialen Ausbildungszweig gewählt habe, konnte sich mein Vater – ein dem Vernehmen nach unangenehmer Mathematikprofessor mit Zweitausbildung zum klassischen Pianisten – lang nicht entscheiden, ob er verzweifelt oder unwirsch reagieren sollte. Aber fast nichts hat mir auf dem Weg zum Theater-, Literatur- und Musikkritiker mehr geholfen als die Anbindung an die Wurzeln der abendländischen Kultur (auf die ich nichts kommen lasse).

Was ich damit ausdrücken will: Kunst ist kein Luxus, sondern Menschenrecht, und ich unterstelle, dass es der erste Höhlenmaler war, der den Sprung vom Affen zum Menschen geschafft hat. Leider befördern uns die Lehrpläne gerade auf den Rückweg: Im Deutschunterricht trainiert man nicht mehr das Verständnis von Lessing und Handke, sondern das Verfassen von Leserbriefen; und statt „Faust" musste meine Tochter kürzlich einen „Falter"-Artikel nacherzählen (was mir intellektuell doch etwas kurz gegriffen erscheint). Im Gegenzug zur Hirnstunde würde ich mich zu einer Anzahl täglicher Bauchaufschwünge mit meinen Töchtern verpflichten.

Ja, aber, antwortet da gern der klassisch gebildete Leibeserzieher: Sagte denn nicht der Römer Juvenal: „Nur in einem gesunden Körper wohnt ein gesunder Geist", wenn nicht gar: „Mens sana in corpore sano"? Sagte er nicht, denn er war ein kluger Mann und ein geprüfter Satiriker und hätte nicht einmal in letztgenannter Eigenschaft den Kickbox-Klub Wien-Donaustadt mit der Kaderschmiede für die Akademie der Wissenschaften verwechselt (was er ja bis zur Einführung der Gesamtschule noch nicht ist). Das Zitat lautet vielmehr unverkürzt: „Beten wir, dass in einem gesunden Körper ein gesunder Geist sei" und bezog sich auf das Heer: eine Warnung vor studiofitten, bis an die Zähne bewaffneten Idioten.

Schweißfuß und Trillerpfeife

Sport muss nicht sein.
Einlassungen zu einem Seitenkapitel

Es kann Ihnen nicht entgangen sein: Meine Leidenschaft für den Großbereich Sport hat sich stark abgekühlt seit den Zeiten, da meine herzensgute Englischprofessorin Elfriede Faßbinder den Unterricht aussetzte, weil sich Karl Schranz gerade in Kitzbühel oder Wengen zur Erweiterung seines Unsterblichkeitsportfolios anschickte. Der unförmige Fernsehapparat war für zwei Stunden Mittelpunkt des Universums (Akutmediziner und Fluglotsen wichen murrend auf das Kofferradio aus). Der kollektive Fiebersturm legte das öffentliche Leben lahm. Und wie bei Malariakranken tritt er in Schüben wieder auf, wenn jemand die Mausoleen schändet, die sich damals in den Herzen aufgebaut haben.

Deshalb geriet auch ich in erhebliche emotionale Bedrängnis, als der Skifahrer Toni Sailer Anfang 2018 vom Sog der #MeToo-Bewegung erfasst wurde. Das Verhängnis ereilte ihn acht Jahre nach seinem Tod und 43 Jahre, nachdem er das nachkriegszeitlich daniederliegende österreichische Ego mit drei Olympiasiegen im italienischen Cortina d'Ampezzo wieder auf die Beine gebracht hatte: Der damalige Direktor des Österreichischen Skiverbandes habe 1974 im polnischen Weltcup-Ort Zakopane eine Geheimprostituierte unter Alkoholeinfluss mit widerwärtig sadistischen Praktiken genotzüchtigt. Der damalige Bundeskanzler Kreisky persönlich habe die bereits angezeigte Causa niederschlagen lassen – tatsächlich erlegte die Republik Österreich für ihren Sportdirektor eine großzügig bemessene Kaution. Sailer versicherte stets, vom polnischen Geheimdienst in eine Falle gelockt worden zu sein. Er kann sich nicht mehr wehren, so wenig, wie die Anklage gegen ihn belegbar ist: Auch das tatsächliche oder vorgebliche Opfer ist offenbar verstorben.

Also meine ich nach längerem Zögern: Hier übt sich die Korrektheitsgesellschaft in gewerblicher Selbstbefriedigung.

Sollte nämlich Sailer damals in die Falle gelockt worden sein, wäre das schlimm. Sollten die Vergewaltigungsvorwürfe stimmen, wäre das noch schlimmer. Aber der posthume Hashtag nützt niemandem und enthüllt nichts außer den Geschäftsdrang der als Historiker verkleideten Korrektheits-Nekropathen.

Wenn sich also die #MeToo-Bewegung in absehbarer Ermangelung weiterer lebender Delinquenten auf die Toten verlegt, so wäre bei der Schöpfungsgeschichte zu beginnen. „Da ließ Gott, der Herr, einen tiefen Schlaf auf den Menschen fallen, so dass er einschlief, nahm eine seiner Rippen und verschloss die Stelle mit Fleisch." Wer hinter diesen abseitigen Praktiken nicht Organhandel unter Einsatz von K.-o.-Tropfen vermutet, ist naiv. Zumal sich das Täterprofil bei der unbefleckten Empfängnis – diesfalls durch Verabreichung von Heiligem Geist – wiederholt.

War der phallisch geformte Pfeil, der vor 5250 Jahren Ötzi in den Rücken traf, ein Hashtag auf dem technischen Stand der Jungsteinzeit? Hat Julius Cäsar mit der Großbestellung „Lasst wohlbeleibte Männer um mich sein" Kevin Spacey den Weg bereitet? Bezog sich Galileis Reklamation „Und sie bewegt sich doch" auf Fesselpraktiken? Wen wollte der „Führer" mit dem schlüpfrigen Aperçu „Mir ist keiner gewachsen" in Sicherheit wiegen? All das muss, zugegeben, im Großbereich Promi-geilen Spekulierens verbleiben. So wie die Causa Sailer.

Der Narrenkönig Fußball

Meine Entwöhnung von der sehr temporären Fußballbegeisterung verlief dagegen unauffällig. Sie war anlässlich der Weltmeisterschaft von Córdoba anno 1978 kurz und heftig entflammt und kühlte im Gefolge der anschließenden inferioren Leistungen gleich wieder ab. Zehn Jahre später habe ich sie noch einmal aufgerufen. Das war, als ich – jetzt ist es heraußen – anno 1988 einen schweißtreibenden Sommer lang das Standardwerk

„I wear narrisch" zu Papier brachte: die Memoiren des Rundfunkreporters Ing. Edi Finger senior, der mit dem titelgebenden Aufschrei unsterblich wurde. Anlass war das österreichische 3:2 über Deutschland von Córdoba gewesen – einer der österreichischsten Momente der Weltgeschichte.

Dass wir die Sportart Fußball heute überhaupt noch professionell ausüben, ist vermutlich die Spätfolge dieses zutiefst österreichischen Wunders, das ein einziger Triumph zweckfreier Bosheit war. Die Mannschaft war schon ausgeschieden, konnte aber den Deutschen per 3:2 die Chance auf das Finale vermasseln: Seit den Tagen des Wunderteams anno 1930 bis 1933 hatten wir darauf hingearbeitet, die Brüder 50 Jahre später mit der Heimreise im selben Flieger zu demütigen.

Andererseits war Córdoba die Inspiration für die folgenden 39 Jahre kunstvoller Schmach. 2008 holten wir gar die Europameisterschaft nach Wien, nur um in der Vorrunde auszuscheiden und post festum ein majestätisches Defizit ausgleichen zu dürfen. Wegen des erhofften Taumels auf der Fan-Meile blieb zudem wochenlang das Burgtheater gesperrt, um den in Hunderttausenderstärke ausbleibenden Massen die völkerverbindende Bewässerung des Rings zu garantieren.

Anno 2015/16 gewannen wir listig zehn Qualifikationsspiele en suite, nur um der Welt bei der Europameisterschaft in Frankreich ein donnerndes Ätsch umfassender Inferiorität entgegenzuschleudern. Diese Konsequenz verdient Respekt, und doch ist es Zeit für neue Wege: Als Alternative drängen sich Kamelrennen auf, denn bei der überblickbaren Zahl teilnehmender Nationen gliche auch der letzte Platz zum Verwechseln einem respektablen Resultat: Guter Vierter hinter Saudi-Arabien, Abu Dhabi und Quatar würden wir allemal.

Edi Finger senior: Die Apotheose eines Unkorrekten

Edi Finger senior aber ist geblieben. Er war das Monument seiner selbst, und er stellte seinem Universum Regeln auf, die jede

Anwandlung zur Korrektheit ausschlossen. Dies aber in aller Lauterkeit, und das muss ihm erst jemand nachmachen.

Dass er am 12. April 1989 fast in Äquidistanz zwischen Thomas Bernhard und Herbert von Karajan starb, hätte er womöglich als Ehre zu schätzen gewusst: Edi Finger hatte gelernt, das Nützliche im Misslichen zu finden. Die Berufsbezeichnung „Partisan" verlieh ihm der sonst allmächtige ORF-Generalintendant Gerd Bacher, der ihn nicht leiden konnte, aber am Ziel, ihn loszuwerden, ebenso scheiterte wie Legionen anderer. Verschanzt wie in einer Festung saß der Sportchef des Österreichischen Rundfunks in seinem Büro im Wiener Funkhaus. Zwei früh gereifte, in Gottes Willen ergebene Sekretärinnen ordneten in stoischer Missbilligung das Chaos, aus dem der laute, hektische, massige Mann wie ein Generator Energie erzeugte.

Brach er aber zu den berühmten Stadien auf, den legendären Rennstrecken und feinen Wintersportorten: Da war er ganz bei sich. Da residierte er wie ein König, und stieß sich einer daran, dass Frau, Sohn und Tochter oft mit residierten, dem erwiderte er mit der Posaune von Jericho. Nie habe ich ihn vor dem Radioapparat anders erlebt als im Besitz dieser Urgewalt. Schon als Zehnjähriger verfiel ich seinem grenzdiktatorischen Patriotismus: „Reden einstellen!", befahl er, als sich Egon Zimmermann anschickte, die olympische Abfahrt in Innsbruck zu gewinnen. Und auch mein Vater, ein äußerst autoritärer, sportlich desinteressierter Mathematiklehrer, verstummte am Radiogerät, um anschließend erkennbar eingeschüchtert Fingers Triumphgebrüll zu erdulden.

Das war 1964, die Zeit, da wegen eines Abfahrtsrennens noch Schulstunden ausfielen. Überlebensgroße Heldengestalten wie Karl Schranz trotzten einer Restwelt voll Gefahren, Verführungen und Anfechtungen: Namen wie Marielle Goitschel und Isabelle Mir belebten sich zu erotischen Fantasien, der kommunistische Osten drohte in den Gestalten der undurchschaubaren polnischen Brüder Bachleda, und von Übersee attackierten wilde Gesellen wie „Jungle Jim" Hunter oder der Australier Malcolm Milne. Für eine Stunde Kitzbühel oder Val d'Isere blieb die

Welt stehen. Und da das Fernsehen noch nicht so viel bedeutete, ordnete sich die Welt um Fingers Radioübertragung.

Später, zu Zeiten Annemarie Moser-Prölls oder Franz Klammers, war das Fernsehen schon alles und der Sport im Radio prinzipiell auf die Klientel der Berufskraftfahrer zurückgeworfen. Finger aber nahm den Kampf auf und gewann ihn 1978 durch K. o.: Als die Fußballweltmeisterschaft in Argentinien vorüber war, wurde es zur österreichischen Nationalübung, den Fernsehton ab- und Edi Finger zuzuschalten. Es war ein Vorgang von gespenstischer Komik, wie da hoch bezahlte Reporterstars stumm fuchtelnd den Mund bewegten, während asynchron alles Urstände feierte, was ihnen auf der Journalistenschule verboten worden war: patriotischer Exzess und blanke Ungerechtigkeit im Übermaß, gebrochen durch österreichische Harmonisierungssucht und eine elementare Pointengewalt, mit deren synthetischer Herstellung heutige Epigonen vergebens Nächte zubringen.

Das Verfahren war – ich habe es schon philosophisch angerissen – beispiellos und am 21. Juni 1978 in Córdoba zur Vollendung gelangt. Aus sportlicher Sicht ist das 3:2 Österreichs gegen Deutschland maximal als Apotheose der Schadenfreude um ihrer selbst willen in die Geschichte eingegangen. Nach schandbaren Zweitrundenergebnissen gegen die Niederlande und Italien ging es für die österreichische Mannschaft um nichts mehr. Die deutsche Mannschaft hätte nur unter sehr unwahrscheinlichen Zufällen noch Gruppensieg und Aufstieg erreichen können, war wohl schon auf das kleine Finale um den dritten Platz eingestellt, wurde aber als Folge der 2:3-Niederlage nur Vierter und reiste im selben Flugzeug wie die gruppenletzten Österreicher heim. Das war nun prinzipiell in keiner Richtung etwas Außerordentliches.

Das Außerordentliche war einzig, wie Edi Finger es für außerordentlich erklärte. Und so wie der Vernunftappell des Wiener Polizeipräsidenten Josef Holaubek an einen bewaffneten Ausbrecher – „gib ab, Weudl, i bin's, dei Präsident" – Volksgut wurde, so sind Fingers „I wear narrisch" beim 3:2 von Córdoba Flügel in die Ewigkeit gewachsen.

Schon in der unglücklichen ersten Halbzeit, die mit 0:1 ende-
te, hatte er dem Gegner verkappte Verwünschungen zukommen
lassen: „Ein Eigentor werden sich die Deutschen nicht schießen
... das kann man ja wirklich nicht von ihnen verlangen", forderte
er, worauf Berti Vogts in der fünften Minute der zweiten Hälfte
den Ball tatsächlich ins eigene Netz praktizierte. „Ich weiß gar
net, was heut mit mir los ist", delegierte Finger allfällige Mit-
verantwortlichkeiten an die höheren Mächte, nachdem er schon
zu Halbzeitbeginn die negativen Auswirkungen auf den Touris-
mus zu minimieren versucht hatte: „Die deutschen Urlauber in
Österreich mögen mir verzeihen – wir wünschen der deutschen
Mannschaft alles Gute, nur kan Sieg."

Der in der Nachbarkabine residierende Chefreporter der
„Bild Zeitung" hatte zu diesem Zeitpunkt sein Telefonat mit der
deutschen Zentralredaktion schon unterbrochen: „Ich höre jetzt
auf, Leute. Ich muss mir die Reportage von dem Österreicher
anhören. So etwas habe ich noch nicht erlebt." Er wurde später der konsequenteste Verkünder des Finger'schen Ruhms in
Deutschland. „So, jetzt wieder. Das Leder bei Krieger ... schöne
Möglichkeit! Krankl!! Schuss – Tor, Tor Tor!! Also, i kann nimmer! Sei Papa, der Straßenbahner, wird sich freun, und alle seine
Freunde in Österreich. Also, schöner kann man's net machen,
da fehlen mir die Worte! Da müsst' ich ein Dichter sein, wenn
ich das alles bringen wollte." Eineinhalb Minuten später glich
Hölzenbein zum 2:2 aus. „Tor", sagte Finger, haarscharf an der
grammatikalischen Makellosigkeit vorbeischrammend: „Also,
da wird einem das Gruseln gelehrt."

Der Flügelschlag der Unsterblichkeit streifte ihn zwei Minuten
vor Schluss. „Jetzt kann sich Sara noch einen aussichtslos schei-
nenden Ball beinholen. Pass nach links herüber, es gibt Beifall
für ihn. Da kommt Krankl vorbei diesmal an seinem Bewacher,
ist im Strafraum, Schuss – Tor! Toor!! Toor!!! Tor!!!! Toor!!!!! I
wear narrisch! Krankl schießt ein! 3:2 für Österreich! Wir fallen
einander um den Hals, der Kollege Riepl, der Diplomingenieur
Posch – wir busseln uns ab! Und warten S' no a bisserl, warten
S' no a bisserl." Die Stimme drohte zu versagen. „Da könn ma

uns vielleicht a Vierterl genehmigen." – „Bleibts aufrecht stehn – noch zwei Minuten", flehte er, als die Zeit stillzustehen drohte. Dann der nahe Weltuntergang und seine Abwendung: „Chance für Deutschland! Schuss – daneeeben! Also, der Abramczik, ab-busseln möchte ich den Abramczik dafür! Der brave Abramczik hat danebengeschossen. Der Arme, wird sich ärgern."

Was diese Reportage von anderen unterscheidet, wurde schon Gegenstand wissenschaftlicher Untersuchungen. Es lässt sich im Wort „Authentizität" zusammenfassen. Die Reportage von Cór-doba ist ganz Edi Finger, so wie das zugehörige Wunder in seiner kunstvollen Zwecklosigkeit etwas zutiefst Österreichisches war. Dass einer im Augenblick höchster Ekstase seinem Tontech-niker den Titel „Diplomingenieur" nicht vorenthalten konnte, hat speziell deutsche Analytiker fasziniert. Aber wie denn auch nicht, wo ihm doch sein eigener Ingenieurstitel heilig war (und in der Tat war er neben dem Bundeskanzler Raab und dem Jour-nalisten Worm eine der wenigen Lichtgestalten unter den nam-haften Ingenieuren des Landes, die sich ansonsten in den dunk-len Gestalten des Bombenlegers Dostal, des Terroristen Fuchs und des Kidnappers Priklopil manifestierten). Wie er sich vor-sorglich Schwierigkeiten mit Fremdenverkehrsverbänden („die deutschen Urlauber in Österreich mögen mir verzeihen") und Abstinenzlerorganisationen (die Einschränkung „vielleicht" bei der Aufforderung zum Weinkonsum) vom Leib hielt. Wie er die homoerotische Komponente des Mannschaftssports kokett zum Schillern brachte („wir busseln uns ab" – „abbussln möchte ich den Abramczik dafür") und den Unglücklichen zugleich mit der zärtlichsten Häme des Mitgefühls versicherte: Das kam aus der Tiefe einer großen, verbogenen österreichischen Seele.

Wenig später traf ich Edi Finger zum ersten Mal. Ich war als avancierter Anfänger bei der sozialdemokratischen „Arbeiter-zeitung" beschäftigt, und das Kunstwerk der Reportage von Córdoba faszinierte auch mich. Also widmete ich ihrem Urhe-ber zur Empörung des hauseigenen Sportressorts ein Porträt im Feuilletonteil. Finger, der „Schwarze", um dessen Käuflichkeit sich bizarre Mythen rankten, apotheotisch erhöht im Verlautbarungsorgan der roten Alleinregierung Bruno Kreiskys? Ich begriff bald, dass diesem Mann mit den Instrumentarien der Parteisekretariate nicht beizukommen war. Edi Finger war ein Einzelkämpfer, der vom erzkonservativen General Bacher ungeachtet der gemeinsamen Parteizugehörigkeit ebenso leidenschaftlich bekämpft wurde wie von roten Funktionären.

Die gegen ihn gerichteten Anekdoten, Kunstwerke der Niedertracht, erwiesen ihre Substanzlosigkeit schon durch flüchtigen Augenschein. Vor einem Skisprungbewerb, so wurde beispielsweise verbreitet, hätten übel wollende Kollegen dem Unersättlichen eingeredet, „bei der Zeitnehmung am Ende des Schanzentischs" gelangten Omega-Uhren zur Verteilung. Finger, genannt „die Hand", habe sich daraufhin durch brusthohen Schnee vor Ort gekämpft und einen einsamen Streckenposten zur Herausgabe der Uhr nötigen wollen. Finger wies vergebens darauf hin, dass Zeitnehmungen bei Skisprungbewerben weder an Schanzentischen noch sonst wo vorgenommen würden. Die Ehrabschneidung blieb haften, so wie andere auch.

Ich habe ihn anders kennengelernt: ganze Gesellschaften im Hotel „Intercontinental" freihaltend, aber kindlich erfreubar durch Kugelschreiber, Einwegchronometer und Plastikaktentaschen, die andere maximal zum Spielen für den Hund mitgenommen hätten.

Einen erschöpfenden Juli lang habe ich ihm anno 1988 seine Memoiren formuliert („I wear narrisch", Jugend & Volk). Das ist ein Buch wie kein anderes. 25 ganzseitige Inserate, vom Gefeierten selbst zu eigenem Nutzen akquiriert, durchbrechen den Fluss der Erzählung. Zur Präsentation erschien die Elite des Sports, von Karl Schranz bis Franz Klammer, von Hans Krankl bis Niki Lauda. Aber nur zwei Politiker fanden den Weg ins Praterstadion: ein ehemals hoher Gewerkschaftsfunktionär und ein abgesetzter sozialdemokratischer Wiener Stadtrat, beide nach Finanzaffären ins Bodenlose gestürzt, vom stets loyalen Finger aber nie fallen gelassen. Eine sonderbar berührende Arabeske krönte die Festivität: Finger hatte zwecks Bewirtung der Gäste bei der Großbäckerei Anker ein Buffet organisiert und ließ sich

die übrig gebliebenen Brotlaibe und Semmeln in großen Plastik-
taschen „zum Einfrieren" ins Auto verladen. Als eine Journalistin den Vorgang hohnvoll rapportierte, rief er mich mit hellem
Unverstehen an: „Wieso? Sie hätt' sich ja auch was mitnehmen
können!"

Das war seine Art Großzügigkeit, und ich habe sie und vieles
sonst verstehen gelernt, als er mir im Finger'schen Einfamilien-
haus an der Wiener Peripherie sein Leben aufs Tonband diktier-
te. Der erstaunlich ausdrucksvolle Mund verzog sich manchmal
wie im Schmerz, wenn er von der Kindheit erzählte. Mantra-
artig ging es da um den Hunger, der ihn noch in den Jahren des
Wohlstands an die Buffets trieb. Das war das Erbe des „Glas-
scherbenviertels" von Klagenfurt, in das er am 29. Jänner 1924
geboren wurde. Der Vater war arbeitslos wie viele, weil es keine
Arbeit gab und weil er Kommunist war. Die Mutter war Bau-
hilfsarbeiterin und setzte den Dreijährigen allmorgendlich an
der verkehrsreichen Völkermarkter Straße aus. Von dort ging er
allein einen Kilometer weit in den Kindergarten, während sie zur
Arbeit hetzte. Aber: „Was uns die Eltern an materiellem Wohl-
stand nicht bieten konnten, lösten sie uns in Zuwendung und
Fürsorge ab", übersetzte ich seine Worte ins Schriftliche. Und
wer ihm später die klammernde, alle Parameter des Umgangs
sprengende Fürsorge für Ehefrau Anni und die Kinder Eduard
jun. und Sissy verübelte, hätte sich besser kundig gemacht, woher sie rührte. Der Vater kam eines Tages nicht wieder. 1942 war
er mit Nierenentzündung ins Krankenhaus gegangen und wurde tags darauf als verstorben gemeldet. Jahrzehnte später erfuhr
der Sohn – ich erinnere mich noch an seinen verstörten Anruf
spätnachts – das Resultat zeithistorischer Nachforschungen: Der
Kommunist und Regimegegner Gottfried Finger wurde ermordet, so wie auch ein anderer Verwandter, der bekannte Skisprin-
ger Adolf Wieser, der zu den Partisanen ging und von der SS
totgeprügelt wurde.

Der Siebzehnjährige aber ging den damals geläufigen Weg
aus der Arbeitslosigkeit zur Wehrmacht. Abgezehrt, dass ihn
die eigene Mutter nicht erkannte, kam er aus dem Krieg zurück

und gewann 1946 mittels fünfminütiger Live-Übertragung der Begegnung Waidmannsdorf–Annabichl einen Wettbewerb des britischen Besatzungssenders Alpenland. 1948 kommentierte er schon die Olympischen Winterspiele von St. Moritz, vier Jahre später erfand er in Oslo die revolutionäre Skiübertragung von drei Sprechstellen aus. Bis in die Siebzigerjahre hatte diese sturmumtobte Informationsstafette, die etwas von der akustischen Präsenz eines Luis-Trenker-Films vermittelte, an Aktualität und Hautnähe nicht ihresgleichen. Und als dann das Fernsehen gewonnen zu haben schien, kam Córdoba, und Finger war wieder Herr des Geschehens.

Der Sieg war teuer bezahlt. Die Welt verlangte nach ihm, er raste von der Karl-Dall-Show zum Oktoberfest, stand Illustrierten für mehrseitige Porträts zur Verfügung, signierte Kassetten und Langspielplatten, die Udo Jürgens' Manager Hans Beierlein auf den Markt beförderte, und als das deutsche Fernsehen das Match der nationalen Schande komplett mit Fingers O-Ton wiederholte, war der point of no return erreicht. Publikum, Presse und Verwerter aller Seriositätsklassen forderten immer neue Selbstentäußerungen. Ein Jahr lang tobte und wütete er sich so durch Ländermatches und Skiübertragungen und wurde dabei immer müder, bis er inmitten der Vorbereitungen auf das Europacup-Semifinalspiel Austria gegen Malmö im Lift des Wiener Funkhauses zusammenbrach. Die Notoperation dauerte sechs Stunden, der Kampf gegen das Aufgeben acht Jahre. 1987 streifte ihn der zweite Herzinfarkt. Was seinem alten Feind Gerd Bacher nicht gelungen war, erreichte sein noch älterer Freund und Ressortkollege Thaddäus Podgorski. Der war 1986 zum Generalintendanten des Staatssenders bestellt worden und nutzte die Gelegenheit des Herzinfarkts, vielen einen Wunsch zu erfüllen und Finger in den Ruhestand zu überreden. Schlimmeres hätte man ihm nicht antun können: Aus der Routine entlassen, stürzte er sich in ein Chaos sinnloser Strapazen. Nur seine besten Freunde wussten, mit welch panischen Hoffnungen er dem Privatradio entgegenfieberte. Ein Mountainbike-Rennen im Sommer 1988, das er als Platzsprecher kommentierte, brachte ihn um. Von den zweimal vier Stunden unter glühender Kärntner Sonne erholte er sich nicht mehr.

Am Morgen des 12. April 1989 fand ihn seine Frau leblos im Badezimmer, und hier beginnt wieder der persönliche Teil dieses Beitrags, denn ich hatte nach Edis Tod einiges an schlechtem Gewissen abzuarbeiten: Wieder und wieder hatte er mich in seinen beiden letzten Tagen zu erreichen versucht, was in der Zeit vor der Mobiltelefonie noch nicht so einfach war. Ich hatte mich in ein Kurhotel zurückgezogen, und Rezeptionisten, Kellner und Masseure verfolgten mich mit seinen Rückrufbegehren. Ihre Augen leuchteten dabei, als hätte Peter Alexander angerufen. Ich aber wollte Ruhe auch von der Freundschaftsroutine, und als ich mich endlich meldete, konnte er selbst nicht sagen, was so pressierte. Später erfuhr ich, dass er in diesen beiden Tagen mit der gleichen Unabweisbarkeit auch hinter anderen Freunden her gewesen war.

Meine damalige Ehefrau aber träumte in der folgenden Nacht einen seltsam auf dem Punkt befindlichen Traum: Ich war ob der Todesnachricht in Tränen aufgelöst, da erschien mir der Verewigte im Werbeblock vor der „Zeit im Bild", um mir unter wunderbar tröstendem Gesang Papiertaschentücher der Marke Feh aufzudrängen.

Von Benicalap in die Kunsthalle – ein Exkurs

Die Zeiten patriotischer Ekstasen von Finger'scher Elementargewalt sind vorbei, Gott sei's geklagt: Das Fußballspiel als Akt kontrollierter nationalistischer Triebabfuhr im überblickbaren 90-Minuten-Format hatte nämlich durchaus seine geotherapeutischen Vorzüge.

Heute liegen die Prioritäten anderswo, wie exemplarisch das 0:2 der deutschen Nationalmannschaft gegen den Fußballkleinwüchsigen (vormals: Fußballzwerg) Südkorea während der Weltmeisterschaft 2018 beweist. Unbedankt wurde mit dem Ausscheiden des Weltmeisters in der Qualifikationsrunde das

Tor in eine gerechtere Zukunft aufgestoßen: ein Schlag gegen die verwerfliche Siegermentalität, die auch bei der in Russland ausgetragenen WM mit alarmierenden Symptomen um sich zu greifen drohte.

Oder hätte es etwa so weitergehen sollen? „Disziplinarverfahren am laufenden Band" habe die FIFA schon zu Beginn des Bewerbs einleiten müssen, las man mit gesträubtem Haar: Erst zeigten zwei entmenschte Schweizer – naturalisierte Kosovaren – dem Gegner beim Torjubel den Adler. Wer das für die völkerrechtswidrige Maximalvariante des Vogelzeigens gehalten hatte, wurde alsbald eines noch Schlimmeren belehrt: Der Adler ist zentraler Bestandteil der albanischen Flagge, womit dem serbischen Gegner historisch-geopolitische Schmach erwiesen worden sei. Dann verwünschte der serbische Nationaltrainer einen deutschen Schiedsrichter vor das Menschenrechtstribunal von Den Haag. Nun wäre dort zwar vordringlich der Gastgeber Russland in der Gestalt seiner Staatsführung einzuliefern gewesen. Doch Saures bekam nicht etwa der von der FIFA unterwürfig akklamierte Putin samt Nomenklatura, sondern der serbische Trainer und die eidgenössisch-albanischen Adlerpräsentatoren.

Dann eskalierten die Ereignisse vollends: Zu klären, so meldete orf.at, seien „die Vorfälle am Ende des Spiels Deutschland gegen Schweden. Im Fokus stehen zwei Mitglieder der deutschen WM-Delegation. Die Ermittlungen richten sich gegen DFB-Büroleiter Georg Behlau und Ulrich Voigt aus der Medienabteilung. Beide hatten nach dem 2:1-Sieg der deutschen Mannschaft provozierend vor schwedischen Delegationsmitgliedern gejubelt, wofür sich die DFB-Delegation entschuldigt hatte. ‚Es war ein emotionales Spiel. Am Ende war die eine oder andere Reaktion oder Geste unseres Betreuerstabes in Richtung der schwedischen Bank zu emotional‘, teilte der DFB über Soziale Netzwerke mit. „Das entspricht nicht unserer Art. Dafür haben wir uns beim schwedischen Trainer und seinem Team entschuldigt.‘ Das letzte Wort wird auch in dieser Angelegenheit die FIFA haben."

Dessen bedurfte es freilich nicht mehr: Die Mannschaft übte schon im folgenden Spiel gegen Südkorea tätige Reue. Freilich darf es nicht bei der Einzelinitiative bleiben. Das Regelwerk selbst ist fundamental zu durchdenken: Nicht nur der Torjubel, auch der Torschuss an sich ist zu unterlassen. Passiert er einmal, ist zuerst Betretenheit zu signalisieren und dem Gegner dann durch ein Eigentor Respekt zu erweisen. Misslingt dieses nach mehreren Versuchen, hat der Delinquent höflich auf der Roten Karte zu bestehen.

Lässlichere Korrektheitsverstöße, etwa das Trennen des Gegners vom Ball, werden mit Eckenstehen (dem so genannten Corner) geahndet. Und als Wendesignal werden die Sprachregelungen reformiert. Das wegweisende 0:2 gegen Südkorea hieße dann „#MeTwo zu Null".

Zu ratifizieren wäre das Friedensabkommen in Benicalap, dem 16. Bezirk der spanischen Stadt Valencia. Dort wurde im Juni 2017 der Jugendtrainer der spanischen Fußballmannschaft CD Serranos entlassen, weil seine Elfjährigen den Gegner Benicalap C mit 25:0 besiegt hatten. Solchen Ausdruck mangelnden Respekts vor dem Unterlegenen wollte der Vorstand nicht hinnehmen: Der Coach hätte die Kleinen ja anweisen können, mit dem schlechteren Fuß zu spielen und Torschüsse zu vermeiden.

Benicalap hat damit die besten Aufstiegschancen zum Symbol: für die beherzte und systematische Umrüstung der Welt zur Gesamtschule, in der statt des Klassenersten der Klassentrottel die Maßstäbe setzt.

So wie es hierorts die Grünen mit durchschlagendem Erfolg praktiziert haben: Die begnadeten Bio-Autogoleadores, unfehlbare Eigengoalgetter der Champignon League, stellten vor der Nationalratswahl ihren letzten Durchreißer vom Platz. Als Peter Pilz daraufhin mit seiner eigenen Fraktion die Wahl gewann, wurde er an den Rand des Kriminals desavouiert. Kaum war das geglückt, privatisierte sich die im grünen Abstiegskampf untergegangene Parteichefin Glawischnig in die Dienste eines Spielhöllenbetreibers.

Das Verfahren hat Methode: Dem Direktor der Albertina wurde der Rechnungshof auf den Hals geschickt, weil er die Be-

stände des bankrotten Kunstsammlers Essl in sein Portfolio ge-
holt und seinem Institut Ehre eingelegt hatte. Den lautesten Einspruch erhob die Mitbewerberin aus dem Belvedere, die nichts
Vergleichbares vorzuweisen hat. Ihre Versetzung ans Bezirks-
museum von Benicalap wird angeregt. Das Belvedere leitete vor
ihr mit Glanz und Fortüne die Direktorin Agnes Husslein. Dann
wurde sie von Untergebenen, denen das Leben manches 0:25 zu-
gedacht hatte, über abstruse „Compliance"-Vorwürfe aus dem
Amt intrigiert: Der ressortzuständige Minister Thomas Drozda
(SPÖ) hatte sich außerstande gesehen, einer vom grünen Kultursprecher Zinggl befeuerten Medienkampagne zu widerstehen.

Der Mann hatte das Verfahren zuvor schon am erfolgreichen
Direktor der Wiener Kunsthalle, Gerald Matt, erprobt: In pub-
lizistischer Kumpanei wurden Vorwürfe aus Mitarbeiterkreisen
perpetuiert, bis sich der mit keinem Löwenherzen gesegnete
Wiener Kulturstadtrat an der Notbremse festhielt, um nicht
selbst zu straucheln. Die Anschuldigungen gegen Matt wurden
von der Staatsanwaltschaft Punkt für Punkt als gegenstandslos
erkannt. Der (heute aparterweise auf der Liste Pilz kümmern-
de) Kultursprecher musste sich öffentlich entschuldigen, zeigte
aber keine Einsicht: Die behördlichen Erkenntnisse könnten ihn
nicht beeindrucken, Hauptsache, Matt sei aus dem Amt. Hier ist
der Schritt zur Lynchjustiz schon vollzogen und die Bobokratur schon ausgerufen. „Spießer" hätten Matt um seine Karriere
gebracht, diagnostizierte zuletzt der bedeutende Schriftsteller
Michael Köhlmeier. Er hielt die Laudatio, als sich der nach
17 Jahren aus dem Amt scheidende Kulturstadtrat bei Matt mit
einem Ehrenzeichen entschuldigte. Das nützt Matt allerdings so
wenig wie der vormals interessanten Kunsthalle.

Heute droht, nach gewiss verdienst- und hoffnungsvollem
Beginn, #MeToo zum Spielfeld der C-Ligisten im globalen Benicalap zu werden.

Und das ungeliebte Sport-Kapitel wurde elegant in lohnende-
re Bereiche verfrachtet.

Auf der Roten Liste

So starb eine Partei.
Das Wahlkampftagebuch eines SP-Stammwählers

Tagebuchaufzeichnungen, mögen sie noch so naiv sein, lassen tief in die Seele des Verfassers blicken. Ich zum Beispiel, der schon sprichwörtlich gepeinigte SP-Stammwähler, blättere oft bedrückt in den früh vergilbten Seiten, die den Weg der Partei durch den Nationalratswahlkampf 2017 skizzieren: von der Hoffnung ins Dunkel der Resignation. Zu Beginn meinten noch viele, die ÖVP als Greisin mit türkisem Toupet verlachen zu dürfen.

Bald lachten die anderen: Der israelische Politberater Tal Silberstein, ein Geschäftspartner von Kerns Vorvorgänger Alfred Gusenbauer, nötigte den erkennbar indignierten Kanzler Christian Kern für ein Wahlkampf-Video in das Kostüm eines Pizzaboten. ÖBB-Direktor Kern hatte sich erst kurz zuvor aus kommoder Teilverstaatlichung auf die freie Wildbahn geputscht. Nun outrierte er hoffnungslos den Arbeiterführer, doch kaum hatte er „Holen Sie sich, was Ihnen zusteht" plakatiert, wurde Silberstein in Israel wegen internationaler Korruptionsvergehen in Haft genommen.

Das anfangs noch betretene Grinsen wuchs sich zum Höllengelächter aus, als ein Arbeitskommando den Platz vor dem Kanzleramt aufwühlte: Das historische Ensemble sollte mit einer Mauer gegen terroristische Attacken gesichert werden, doch niemand wollte den kostenintensiven, in seiner Sinnhaftigkeit umstrittenen Auftrag erteilt haben. Der Kanzler, der die Werktätigen noch Tage zuvor in Begleitung eines Fotografen mit Wurstsemmeln und Bier gelabt hatte, versicherte, über das Projekt nicht informiert worden zu sein.

Ein eilig verabschiedetes Vermummungsverbot hatte auf das Resultat keinen Einfluss mehr. Es kam, wie es kommen musste: Sebastian Kurz gewann die Wahl. Und wie.

13. August
Liebes Tagebuch!
Noch bin ich nicht überzeugt, dass Sebastian Kurz im Oktober die Wahl gewinnt. Schon einmal musste ja ein annähernd gleichaltriger Messias böse Erfahrungen machen, und überhaupt: Wunder sind auch nicht mehr, was sie einmal waren.

Wir leben in der Epoche der Einweg-Erlöser. Vor 2000 Jahren reichte noch ein auferweckter Lazarus zur Mobilisierung einer anhaltend stabilen Anhängerschaft. Heutzutage mussten wir zusehen, wie sich dem zuvor frenetisch bejubelten ÖVP-Django Reinhold Mitterlehner das Pferd unter dem Sattel in Leberkäse verwandelt hat. Nicht zu reden vom deutschen Wundermann Martin Schulz: Nach kurzer Euphorie gilt heute die bundesweite Unschulzvermutung.

Kein Wunder also, dass Kurz ohne Zögern zugreift, so wie der Bewegungs-Melder einen sich nähernden Promi anzeigt (wobei freilich manchmal versehentlich auch ein Kapazunder wie Rudolf Taschner des Weges kommt). Besonders beeindruckt hat mich dabei die Kulturkandidatin Maria Großbauer. Gattin des abgewählten philharmonischen Vorstandes, teilpraktizierende Jazz-Saxophonistin und aktive Opernball-Organisatorin, verkörpert sie Kurz zufolge die österreichische Kultur „wie niemand anderer". Das mag zwar etwas pauschal gedacht sein (solche Majestäten verortet man doch eher in den Veltlinerkönigreichen des Weinviertels). Aber weitere prominente Zugänge wären jetzt angesagt: exemplarisch Helmi als Verkehrssprecher, die Reblaus (Umwelt) sowie Kasperl und Pezi (eingetragene Partnerschaften).

20. August
Liebes Tagebuch!
Als gepeinigter SPÖ-Stammwähler bis zum letzten Atemzug (ob meiner oder jener der SPÖ, muss sich herausstellen) habe ich stündlich mit der Verhaftung des Beraters Silberstein gerechnet. Überrascht haben mich die Umstände: Eher hatte ich vermutet, dass nach dem Erfinder des Projekts „Pizzabote" wegen Dirty

Campaigning gegen den eigenen Klienten gefahndet würde. Auch der Tatbestand der Nötigung könnte schlagend werden, sollte Silberstein den Kanzler damals unter Drogen gesetzt und im Narrenkostüm durch Wien getrieben haben (anderes will ich mir als treuer Wähler lieber nicht vorstellen).

Doch die Causa zeigt jetzt internationales Format: Silberstein soll in Guinea und Rumänien Geld gewaschen haben! Das lässt mich an einen anderen Weltmann denken, gleichfalls ein Kern-Berater, welcher der Partei Silbersteins Dienste vermittelt hat. Ich meine den redlichen Netzwerker Gusenbauer, unseren erfolgreichsten Bundeskanzler seit Walter Breisky, der das Amt 1922 nach einem Tag zurücklegen musste.

Gusenbauer hat u. a. den kasachischen Staatschef Nursultan Nasarbajew beraten – wie viele Diktatoren Spezialist für Wahlresultate jenseits der 90 Prozent und der Personalbeweis, welche Vorteile das Leben als Nur-Sultan bietet. Als Berater der Hypo Alpe Adria wiederum hat sich Gusenbauer um Staatshilfe für das dann prominente Institut bemüht. Insgesamt gewinnt der SP-Wahlkampf Kontur: Sich prügelnde, im Wochenrhythmus gefeuerte Berater erinnern an das Erfolgsmodell Trump. Nur ohne Trump, was eventuell die einzige gute Nachricht ist.

10. September
Liebes Tagebuch!
Die von Peter Pilz propagierte wahlplakatlose Gesellschaft („0 Steuergeld, 0 Belästigung") billige ich nicht: Hier gerät Kulturgut in Gefahr! Der SPÖ-Slogan „Holen Sie sich, was Ihnen zusteht" etwa schaffte es Minuten nach der Verhaftung des Beraters Silberstein ins Weltkulturerbe. Für bildungsferne Wählerschichten könnte man ihn eventuell zu „Hände hoch!" vereinfachen.

Überraschend kommt das grüne „Sei ein Mann, wähl eine Frau": In Zeiten der Diesel-Krise werden da fossile Energien aus der Vorzeit des Feminismus freigesetzt. Folgt als Nächstes „Sei (k)ein Frosch, wähl einen Storch"? Oder Brechts „Die dümmsten Kälber wählen ihre Schlächter selber"?

Womit wir bei der FPÖ sind. Diese letzte Altpartei folgt unbeirrt ihrem Grundwert: möglichst laut zu brüllen, was nach demoskopischer Momentaufnahme Mehrheitswille ist. Tragischerweise hat die FPÖ das Alleinstellungsmerkmal verloren, seit es flächendeckend von der Konkurrenz übernommen wurde.

Und die ÖVP? Lang hat der Quotenheiland als trickgestützter Stummfilm-Jesus trockenen Fußes den See Genezareth überquert. Jetzt muss dem Verkündigungstext „Es ist Zeit" Vertiefendes folgen, und das ist riskant. Deshalb verstehe ich nicht, dass auf der Promi-Liste der Clown Enrico fehlt. Wo doch mit dessen wegweisendem „Soll ich sagen? Ich sage nicht!" alles gesagt wäre.

17. September
Liebes Tagebuch!
Was sagst du zum Vermummungsverbot? Ich persönlich habe dagegen nichts einzuwenden. Mein Bürgerrecht auf Kontaktanbahnung mit Burkini-Schönheiten habe ich aus Sicherheits- und Korrektheitsgründen ohnehin nie ausgeübt. Und die innenstädtischen Protzläden, denen nach erfolgreicher Russenvertreibung jetzt auch noch der Burka-Sheriff die letzten Kundinnen von der Budel weg verhaftet, sind mir egal.

Vielmehr erwarte ich von der Zwangsdemaskierung durchaus bereichernde Resultate: Der als Elder Statesman verkleidete Strache nimmt die Brille ab, zum Vorschein kommt Kickl. Gusenbauer quält sich aus dem Kater-Karlo-Kostüm, zum Vorschein kommt Silberstein. Kurz entledigt sich der Erlöser-Couture mit Herrgottschlapfen, Nachthemd und Dornenkrone, zum Vorschein kommt die alte ÖVP.

Kanzler Kern hängt die Dienstkappe des Pizzaboten an den Haken, zum Vorschein kommt der von Gott mit Serienkatastrophen geschlagene Hiob. Es wird jetzt richtig eng: Der Zug zum Tor ist bei Kern nicht überentwickelt, und am Tor zum Zug rüttelt er vergebens, weil ja der ÖBB-Job schon nachbesetzt ist. Dass ihn der Pizzaflitzer nach der Wahl als Fahrradboten unter Vertrag nehmen könnte, scheint nach jüngsten Vorkommnissen unwahrscheinlich. Bleibt maximal der Posten als Hiobs-Botschafter der demokratischen Republik Kasachstan, wohin der redliche Steuerzahler Gusenbauer beste Beziehungen pflegt. Unbehelligt bleiben nur die Grünen: Sie haben schon gestrippt. Bis aufs Skelett.

10. Oktober
Liebes Tagebuch!
Alles aus. Erinnerst du dich, was ich dir zuletzt zur Hiob-Legende anvertraut habe? Sie gehört jetzt unwiderruflich umgeschrieben, denn der von Gott erst verwöhnte und dann durch Serienkatastrophen geprüfte Gerechte hat einen Wiedergänger: den Kanzler Christian Kern nämlich. Deshalb ist das einschlägige Kapitel des Alten Testaments unverzüglich einer Neufassung zu unterziehen. In Kürze etwa so:

Hiob verrichtete sein gottgefälliges Werk in den stillen Niederungen der verstaatlichten Halbwirtschaft, und der Herr sandte ihm das Vorteilsticket sowie halbwegs zuverlässige Ankunfts- und Abfahrtszeiten. Dann aber beschloss Er, seinen Knecht zu prüfen. Und Er gab ihm die Macht.

Hiob dankt überschwänglich, da spricht der Herr: „Siehe, ich schicke euch meinen eingebildeten Sohn, der da sitzet zu meiner Halbrechten." Die Ankunft des türkisen Schnöselmessias trifft Hiob unvorbereitet und wie ein Keulenhieb, er erwägt eine Vaterschaftsfeststellungsklage. Da schickt ihm Gott als Leihgabe von den ägyptischen Plagen einen gewendeten Amtsvorgänger mit Beraterpraxis bei Diktatoren und Schurkenbanken; auf dass er ihn verrate für 30 Silbersteine.

Klar, dass Hiob auf die schiefe Bahn gerät: Als falscher Pizzabote verschafft er sich Zutritt zu Privathaushalten. Er kandidiert für den Vorsitz des Schwarzen Blocks und ruft zu Massenplünderungen auf („Holen Sie sich ..."). U-Haft wegen Landfriedensbruchs droht. Schließlich öffnet sich ohne menschliches Zutun auf dem Ballhausplatz die Erde. Da sinkt der Gepeinigte in die Knie: „Herr, ich will zurück zur Bundesbahn!" – Gott aber antwortet: „Tut mir leid, der Zug ist abgefahren."

17. Oktober
Liebes Tagebuch!
Weißt du auch nicht, wie dein Leben nach dem Wahlkampf weitergehen soll? Wo ich doch schon seinerzeit, nach Auslaufen der Präsidentschafts-Soap, in ein tiefes Loch gefallen bin? Das kann heute jedem Passanten beim Betreten des Ballhausplatzes passieren. Und das war noch das Geringste auf diesem Todestrip. Die Kanzlerpartei hat mit sechsstelligen Beträgen den eigenen Untergang vorfinanziert. Gestalten, die zum „Dschungelcamp" maximal als Ekelprüfungen Zutritt fänden, haben einander gekauft, geschmiert, bedroht und erpresst. Man hat Geister gerufen, und als größter anzunehmender Unfall ist einer Magnumflasche Barolo der Altkanzler Gusenbauer entwichen.

Das bekommen wir nicht so bald wieder. Obwohl: Wer weiß? Alle Hoffnungen ruhen jetzt auf der Erlöser-getriebenen Regierungsbildung aus türkisen Quer- und blauen Gewehreinsteigern. Das Kabinett aus Ballprinzessinnen und Freizeitgrenzschützern verspricht reizvolle Belebung des Parlamentarismus.

*

So dachte ich damals. Heute sind die türkisen Greenhorns mit ihren mittelgroßen Namen allesamt in den unausmessbaren Tiefen der parlamentarischen Hinterbank verschwunden: zu Kurz gekommen und zu kurz gekommen. Und so gleicht auch unser Parlament wieder einer Schulklasse: Der neue Klassenstreber mit den glühenden Ohren; der entthronte Klassenstreber, der aufgegeben hat; der ideologische Dauerrepetent mit seiner Rauferpartie: So kennen wir es in wechselnder Rollenverteilung, solange wir uns erinnern können.

Und wenn Sie wissen wollen, weshalb die SPÖ, die für Besseres gebraucht würde, dort ist, wo sie ist: So lesen Sie das Romanfragment „So starb eine Partei", das der fünf Jahre später im Konzentrationslager Buchenwald zu Tode gebrachte österreichische Schriftsteller Jura Soyfer 1934 zu unserem Thema verfasst hat.

Kellersänger

Germanen gesattelt. Die leidige FPÖ

Als um die Jahreswende 1999/2000 der Wahlverlierer Wolfgang Schüssel (ÖVP) sein Wort brach und, statt zurückzutreten, mit der zweitplatzierten FPÖ den Wahlsieger SPÖ aus der Regierungsverantwortung putschte: Da brachen für den Rest der österreichischen Menschheit kreative Zeiten an. Die EU verhängte Sanktionen über das aus der Art geschlagene Familienmitglied, nachdem schon Bundespräsident Klestil die Angelobung mit der Miene eisiger Missbilligung vorgenommen hatte. Donnerstag für Donnerstag wälzten sich Demonstrantenmassen durch die Stadt. Vor allem aber beobachtete man bald mit fassungslosem Vergnügen die Halbwertszeiten der blauen Regierungsmitglieder. Nahezu im Monatsrhythmus resignierte einer dieser verhaltenskreativen Sonntagspolitiker aus Gründen, die zu nennen das natürliche Schamgefühl verbietet. Die parteieigene Lichtgestalt Karl-Heinz Grasser verlegte den Lebensmittelpunkt erst zur Industriellenfamilie Swarovski, dann zur ÖVP und endlich vor das Wiener Straflandesgericht, wo ihn schon mehrere Kameraden aus blau-schwarzer Zeit erwarteten. Die FPÖ spaltete sich und befand sich alsbald in Auflösung, die allerdings nur eine vorläufige war, denn der österreichische Kellerfreiheitliche schläft nur und stirbt nie.

17 Jahre später wurde die abermalige Regierungsbeteiligung der FPÖ mit Sorge (aber ohne Demonstrationen) wahrgenommen: So einfach wie damals werde es nicht werden, orakelte es allseits, denn die FPÖ habe sich unter dem Einfluss der überstandenen Stahlbäder professionalisiert. Nicht zu reden davon, dass heute europaweit Kräfte an der Regierungsmacht sind, gegen die sich die seinerzeitige Haider-FPÖ wie eine linksradikale Zelle ausnimmt. Zudem verhieß die chemische Analyse auch nach Umfärbung der Kanzlerpartei nichts Gutes: Mischt man

Türkis mit Blau, so wird der türkise Anteil vom blauen weitgehend aufgesogen – ein nur bescheidener Fortschritt gegenüber dem schmutzigen Braun, das sich aus der Mischung von Schwarz und Blau ergibt.

Und dann die Verblüffung: Es ist alles wie damals. Abermals betritt der überreife Juniorpartner die Manege in Clown-Adjustierung. Nur hat die liebenswerte, latent schuldbewusste Desorientierung von damals einer neuen Befindlichkeit Platz gemacht: der alles überlagernden Hausherrengewissheit „Das gehört jetzt alles mir".

Ein lang unterdrückter Gestaltungswille brach sich da Bahn: stets auf das Wesentliche fokussiert und von der feuchtfröhlichen Unerbittlichkeit eines Festkommerses zum tausendjährigen Bestehen der Burschenschaft „Vandalia", der auch Vizekanzler Strache angehört. Es begann damit, dass sich Verkehrsminister Norbert Hofer vom ORF nicht ausreichend ins Zentrum eines Transitgipfels in Bayern gerückt fühlte. Tags darauf gab er die Quasi-Auflösung des öffentlich-rechtlichen Rundfunks bekannt, obwohl sein eigener Mediensprecher solche Maßnahmen kurz zuvor ausgeschlossen hatte. Norbert Steger wiederum, ein vor Jahrzehnten von Jörg Haider aus dem Amt des FPÖ-Vorsitzenden kartätschter Pensionist, forderte noch vor seiner Wahl zum Vorsitzenden des ORF-Stiftungsrates angemessene Würdigung des ungarischen Postdemokraten Viktor Orbán. Widrigenfalls würden mehrere Korrespondenten des Senders entlassen. Auf dem Fuß folgte da wieder der oft bewaffnete Gewehreinsteiger Norbert Hofer: Er, der immer schon gern schnell und ungehindert Auto gefahren ist, setzte mit der Ermunterung zum Rechtsabbiegen ein machtvolles ideologisches Zeichen und forcierte die Aufhebung der Geschwindigkeitsbeschränkung samt Radarfallenrückbau auf Autobahnen. Logisch drängt sich da die Einführung der gesetzlichen Promille-Untergrenze auf, mit Bonussystem bei Vorweis verbogener Fahrradlenkstangen (auch Gehbehelfe können als Trophäen anerkannt werden, seit die Regierung armen und alten Mitbürgern mittels Sportivgesetzgebung Beine macht).

Die größte Freude aber bereitet die von Innenminister Kickl favorisierte berittene Polizei. Hier waltet schon hinsichtlich der Farbwahl Schwarz-Braun das bewährte Traditionsbewusstsein der FPÖ (die Bemusterung mit Faustkeilen wäre eine zusätzliche Würdigung unserer Ahnen, der Neandertaler). Als Alternative zum nervösen Ross hätte ich allerdings das Nilpferd empfohlen: wehrhaft, standfest und flinker, als man glaubt. Ob es auch integrierbar ist, hätte uns zeitnah der Innenminister mitgeteilt.

Klein-Kickl dürfte sein Taschengeld zudem zwecks konsequenter Verfeinerung des literarischen Geschmacks in „Jerry Cotton"-Heften angelegt haben. Auch deren satirische Fortschreibung im Fernsehformat „Kottan ermittelt" mag ihn geprägt haben, wie der von ihm initiierte Überfall einer paramilitärischen Polizeieinheit auf das Bundesamt für Verfassungsschutz belegt.

Der Rückschlag inmitten dieser begeisternden Kreativphase kam unerwartet: Die FPÖ strauchelte fast vor der Herausforderung, hinsichtlich der eigenen Vergangenheit Noten mit Köpfen zu machen. Im Keller einer niederösterreichischen Burschenschaft – aus diesem leicht brackigen Reservoir schöpft die Partei mehrheitlich ihr Personal – waren Liederbücher gefunden worden. Und was für welche! „Da trat in ihre Mitte der Jude Ben Gurion: ‚Gebt Gas, ihr alten Germanen, wir schaffen die siebte Million'", stand da, zur Grölung bestimmt, und: „Da schritt in ihre Mitte ein schlitzäugiger Chines': ‚Auch wir sind Indogermanen und wollen zur Waffen-SS.'"

Was blieb da dem Vizekanzler Strache übrig, als den niederösterreichischen Spitzenkandidaten Udo Landbauer zum (mittlerweile widerrufenen) Rücktritt zu nötigen, sich von braunen Rückständen innerhalb der FPÖ zu distanzieren und damit an der Parteiauflösung entlangzuschrammen? Der sich daraufhin entfesselnde Shitstorm aus den eigenen Reihen wegen antifaschistischer Wiederbetätigung zählt zu den satirischen Juwelen in der Geschichte der zweieinhalbten Republik.

Die FPÖ aber berief eine Historikerkommission zur Lokalisierung ihrer braunen Flecken ein und verpflichtete für dieses mutmaßlich großflächige Projekt Spezialisten: unter ihnen mehrere Beiträger zum Periodikum „Aula", wo sich verdiente Geschichtsfreunde im Sinne historischer Wahrheitserfindung wieder und wieder betätigen, etwa durch die Klassifizierung Auschwitz-Überlebender als Landplagen. Kommissionsmitglied Ursula Stenzel, vormals in der Wiener Kommunalpolitik tätig, bringt zudem die gewisse beschwingte Note ein, die in keiner österreichischen Institution fehlen darf.

Die Zusammensetzung dieses Fachgremiums ließ den Ruf nach weiteren logischen Karrieren aufkommen: etwa der böse Wolf als Vorsitzender der Stiftung für alleinerziehende Ziegenmütter (der leibliche Vater der sieben Geißlein ist vermutlich beim Erwerbsgärtnerverband unabkömmlich).

*

Grundsätzlich aber entspann sich eine kunsttheoretische Debatte, die alsbald zur Konklusio führte: Politiker wie Landbauer und Sangeskameraden, die sich zur Kunst berufen fühlen, soll man nicht entmutigen, wie warnende Beispiele aus der Zeitgeschichte belegen.

Exemplarische Leistungen erbringt in dieser Hinsicht der thailändische Diktator Prayuth Chan-o-cha. Als vorläufigen Höhepunkt einer langen Karriere als Schöpfer und ausführender Künstler stellte er kürzlich das patriotische Lied „Herz aus Diamant" in eigener Interpretation online: „Wie auch der Donner brüllt, vorwärts, vorwärts! Seite an Seite, nichts hält uns auf!" Leider dankte das unverständige Volk mit einem Shitstorm, der befürchten ließ, der feinsinnige Landesvater könnte sich alter Erfolge aus seiner Zeit als einfacher Armeechef erinnern (hundert Tote nach regierungskritischen Demonstrationen).

Nun müssen Höchstbegabungen wie Prayuth Chan-o-cha naturgemäß Ausnahmen bleiben. Den von Gott nicht so üppig Beteilten bleibt immer noch der Karaoke-Gesang als reizvolle Alternative. Innenminister Kickl vor allem, als „Philosoph" (© Norbert Hofer) noch im Probebetrieb, könnte exemplarisch als Heintje reloaded reüssieren. Der Hit des holländischen Kinderstars aus dem Jahr 1974 ließe in Kickl'scher Cover-Version womöglich noch tiefer in die Seele des Innenministers blicken als die Fotos, die ihn in Verklärung auf einem bayerischen Polizeiross zeigen: „Es war einmal ein kleines Bübchen, / das bettelte so wundersüß: / Mamatschi, schenk mir ein Pferdchen, / ein Pferdchen wär mein Paradies. / Und da erhielt der kleine Mann / ein Pferdepaar aus Marzipan. / Die blickt er an, er weint und spricht: / Solche Pferde wollt ich nicht." Der Vorwurf unzulässiger Vermenschlichung (der Pferde) ist zurückzuweisen.

Sebastian Kurz hat die Wahl zwischen Kuschelkanzler („Ein kleiner Bär mit großen Ohren") und Messias („Jauchzet, ihr Himmel, frohlocket, ihr Völker"). Und Christian Kern? Schwierig. Eventuell „Kein Schwein ruft mich an, keine Sau interessiert sich für mich".

Vorrangig allerdings bereitet uns die FPÖ eine freudige Überraschung nach der anderen. Verdienstvoll die Vorschlagsoffensive für die Verwahrung Asylsuchender in Lagern: Die vorstädtischen Erfolgsmodelle von Brüssel und Paris lassen sich leider nicht übertragen, den Zutritt zu den Kasernen verweigert der blaue Verteidigungsminister Kunasek. Bliebe das geräumige Höhlensystem unter der Oststeiermark, sofern die verbindliche Volksabstimmung nicht mit dem Nein der stimmberechtigten Murmeltierpopulation endet.

Ein kleines finales Postskriptum aus der Wiener Filiale hat sich die FPÖ noch verdient, ehe sich dieses Buch wieder ernsthaften Materien zuwendet. Wenn ein allseits bekannter Politiker nach 24 Jahren und fünf Wahlsiegen in Serie den Abschied nimmt, gibt es zwei Möglichkeiten: Entweder war Staatsstreich in Nordkorea; oder der Mann kann auf ein respektables Lebenswerk zurückblicken. Den Wiener Altbürgermeister Michael Häupl verorte ich in Kategorie zwei.

Sicher, die Grünen hätte er uns ersparen können. Aber selbst da gibt es Schlimmeres. So erhoben sich nach Häupls letzter Rede im Wiener Gemeinderat zwar die Mandatare der SPÖ, der ÖVP, der NEOS und der Grünen von ihren Sesseln. Auf denselben kleben blieben (optional für künftige Würden?) hingegen die Blauen. Die auf ihren Plätzen lümmelnden, verlegen grin-

senden Großstadtteutonen erweckten den Eindruck überwälti-
gender Unerzogenheit.

Im weiteren Verlauf versagten zwar sämtliche Oppositionsparteien dem neuen Bürgermeister Michael Ludwig zur Amts-
übernahme die Stimmen (nicht mein Demokratieverständnis).
Aber dem einen oder anderen neuen Stadtrat gewährte man
doch Vertrauenskredit. Nur die FPÖ verständigte sich auf ein
generelles Njet. Wobei deren Stammesführer Dominik Nepp die
neue Kulturstadträtin Veronica Kaup-Hasler explizit als „große
Unbekannte" verwarf. Nun leitete die Dame zwölf Jahre lang
eines der bekanntesten Kulturfestivals Europas, den „steirischen
herbst". Wohingegen Dominik Nepp bekanntheitstechnisch
eher ein Nominik ist (unausweichliche sprachspielerische Konsequenzen unterdrücke ich aus medienrechtlichen Erwägungen).

Das könnte sich ändern, wenn endlich seine Position als nicht
amtsführender, somit ausschließlich kontrollierender Wiener
Vizebürgermeister in den Fokus der Aufmerksamkeit rückt. Gewiss ist Kontrolle viel, wie schon Lenin wusste. Deshalb gilt meine Hochachtung auch den Kontrollorganen der Wiener Linien,
einst „Schwarzkappler" genannt. Was mich lediglich stutzen
lässt, ist die Gehaltsschere: 1500 Euro brutto für den Schwarz-,
9400 für den Blaukappler.

Untote in Freilandhaltung

Grün war einmal. Bio- und andere Heuchler

Was war das für eine wild-selige, vage an Verliebtheit erinnernde Erregung, als anno 1984 in der Hainburger Au etwas bis dahin Ungekanntes Gestalt annahm. Die regierende SPÖ und Gewerkschafter aller Fraktionen hatten das Naturschutzgebiet Stopfenreuth zum Kraftwerk umgewidmet. Aber eine Gruppe schräger Vögel hielt dagegen, und plötzlich war 1968 da, das in Österreich rückstandslos übersprungene Jahr des Aufruhrs. Als 800 Polizisten mit Schlagstöcken auf 3000 Aktivisten einprügelten und daraufhin in Wien 40.000 auf die Straße gingen, war der Bau des Kraftwerks Geschichte und eine neue Partei geboren: Die Grüne Alternative behauptete sich trotz mehrerer Spaltungen drei Jahrzehnte lang als mehr oder weniger gekonnt opponierende, auf Regionalebene sogar mitregierende Kraft. Bis die Grünen anlässlich der Nationalratswahl vom 15. Oktober 2017 aus dem Nationalrat verabschiedet wurden: Nach dem Verlust von 8,6 Prozent der Stimmen waren die für eine Parlamentspartei erforderlichen vier Prozent nicht mehr erreicht worden.

Vorangegangen war ein Degenerationsprozess, der bald nach der Gründung einsetzte und am Ende in die allseits bekannte, schmallippige Bobokratur führte. In Wien verbitterte man mit affenartigen Bosheitsakten Autofahrer, Fußgänger und Nutzer öffentlicher Verkehrsmittel – also jeden, der, aus welchem Grund auch immer, vom amtlich ikonisierten Fahrrad keinen Gebrauch machen wollte. Anfangs waren die Grünen eine Partei der Künstler gewesen (nur der Cartoonist Manfred Deix hatte das Spießige und Verlogene, das an den Sohlen des Gesundheitsschuhwerks von Birkenstock klebte, früh diagnostiziert). Drei Jahrzehnte später wollte kein Künstler mehr etwas mit den Grünen zu tun haben: Deren Kultursprecher, ein als bildender Künstler unbeachtet gebliebener Grätzel-Macchiavelli, hatte mit untergrenzwertigen Kampagnen die fähigen Direktoren Gerald Matt (Kunsthalle) und Agnes Husslein (Belvedere) aus den Ämtern intrigiert.

Dass er vor der Katastrophenwahl von der Bundesliste gestrichen wurde, kam zu spät und war außerdem bloß ein kollateraler Zufallslichtblick inmitten des grünen Selbstauflösungsprozesses: Denn die Nomenklatura fraß sich selbst. Erst wurde die aufbegehrende Parteijugend eliminiert, dann der Letzte aus der Gründergeneration, der effiziente, charismatische und öffentlichkeitssichere Peter Pilz. Man ersetzte ihn durch einen weder vorher noch nachher auffällig gewordenen Dressman namens Julian Schmid. Dann trat die Parteivorsitzende Eva Glawischnig zurück und ließ ihre redliche und loyale Nachfolgerin Ulrike Lunacek, die dafür die Sicherheit eines EU-Mandats aufgab, inmitten des schon verlorenen Wahlkampfs allein. Daran änderte auch die zeitgleich inthronisierte Ko-Parteichefin Ingrid Felipe nichts: Ein Beispiel taktischer Exzellenz, machte sie sich in der heißen Phase des Wahlkampfs unsichtbar, um ihre Energien im Tiroler Kernland zu bündeln und die dortige Anhängerschaft von 15,2 auf 4,5 Prozent rückzubauen.

Als Pilz daraufhin mit seiner Liste 4,4 Prozent der Wählerstimmen lukrierte, wollten die Grünen ihre selbst erzeugte Schmach nicht etwa in Demut reflektieren (das stille Gebet hätte sich aufgedrängt). Vielmehr zerstörten sie Pilz und seine Partei mittels unbefugter Inbetriebnahme der noch jungen #MeToo-Debatte. Von den Vorwürfen blieb am Ende aus der Perspektive der eilig bemühten Gerichte nichts. Eine in ihren Karriereambitionen enttäuschte Mitarbeiterin hatte Serienübergriffe gemeldet, unter anderem die Anrede „Lange", eine Verabredung zum Schuhkauf und die zwei Jahre zurückliegende Zitierung eines gewagten Operettencouplets. Sie blieben ungeahndet. Die konservative Europa-Abgeordnete wiederum, die der illuminierte Mandatar während des Europäischen Forums in Alpbach umhalst haben soll, war selbst vor den Kopf gestoßen, als sie Jahre später ohne ihre Zustimmung – ja selbst ohne ihr Wissen – gegen Pilz instrumentalisiert wurde. Sie verbat sich jede gerichtliche Weiterverfolgung der Causa, aber die Liste Pilz ist auch nach der mühevollen Rückkehr des Gründers in das eine oder andere Amt tot. (Notabene: Dass ich 2017 nicht sie, sondern wie immer mit spitzen Fingern die SPÖ gewählt habe, danke ich aufrichtig dem weiter oben erwähnten grünen Kultursprecher, der sich nach seiner Demontage auf die Liste Pilz evakuiert hatte.)

Ich aber vergleiche mit Restanwandlungen von Wehmut die spießigen, regulierungsgeilen, sesselklebenden Krampfradler von heute mit der tollen Chaos-Combo, die vor 30 Jahren eine lebenswertere Welt bauen wollte: mit dem Schauspieler Herbert Fux, einem errötenmachenden Frauenverehrer, der heute Premiumkunde bei Partei- und Bezirksgerichten und Träger der diamantenen Fußfessel für Verdienste um die #MeToo-Bewegung wäre; mit dem Vorsitzenden der Journalistengewerkschaft, DDDr. Günther Nenning, bei dem Spätadoleszenz und Frühdemenz eine riskante Synthese eingingen und der dennoch eine der mitreißendsten und liebenswertesten Erscheinungen der Zweiten Republik war; mit dem Vorarlberger Waldschrat Kaspanaze Simma, der mutmaßlich in Vollmondnächten hungernden Köhlerfamilien drei Wünsche erfüllte; mit dem wütigen Geologieprofessor Alexander Tollmann, der unter Wahnsinnsblicken, über die ansonsten nur noch der Dirigent Nikolaus Harnoncourt gebot, die ökologischen Wahrheiten distribuierte.

Für sie reichte es heute maximal zum Parteiausschluss im Gefolge eines politbürogesteuerten Shitstorms. Aber sie alle harmonierten unter der Zauberhand der strengen Parteivorsitzenden Freda Meissner-Blau, denn sie waren Idealisten und handelten auch so. Sie erzwangen die Erhaltung der Hainburger Au und die Umwidmung der Salzburger Altstadt in eine Fußgängerzone: ein historischer Akt der Rettung bedrohten Kulturgutes. Und keine sinnleere Sekkatur wie die Umwidmung der Wiener Mariahilferstraße zur Karikatur einer Begegnungszone.

Dann ging es im Generationentakt bergab. Als vor 20 Jahren die Bundessprecherin Madeleine Petrovic erstmals Fotografen einbestellte, um in Yuppie-kompatibler Freizeitadjustierung auf Rollschuhen den Donaukanal entlangzuglühen (und sich bei dieser Gelegenheit ein Bein brach), schlug die Geburtsstunde des Austro-Boboismus.

Der lebt heute auch nach der grünen Entmaterialisierung in bizarren Rudimenten fort. Eines von ihnen ist die ehemalige Wissenschaftssprecherin Sigrid „Sigi" Maurer, ein Zauberwesen mit Tiroler Migrationshintergrund, teils beschützt, teils genarrt von der betörenden Kraft der Arglosigkeit. Die Verstoßung aus dem geschützten Biotop des Parlamentsklubs scheint ihr Bewusstsein noch nicht erreicht zu haben – ein Akt barmherziger Verdrängung, der sich umrisshaft schon zwei Tage nach der Wahl anbahnte. Da lallte die emeritierte Wissenschaftssprecherin, die sich schon bei dieser Gelegenheit als akademische Koryphäe auswies, Folgendes in den Nachrichtendienst Twitter: „Wir betrinken uns mal auf dem Balkon vom noch-grünen Parlamentsklub. Ich war echt sehr gerne Abgeordnete." Damals wandelte mich ein Verdacht an: Konnte es sein, dass sich das grüne Politbüro seit Wochen auf der Parlamentsbaustelle volllaufen ließ, weil man im Drang des Untergangs übersehen hatte, dass dort seit Frühjahr 2017 umgebaut wurde? Womöglich knien die Zecher noch heute vor den wasserlosen Toilettenschüsseln (der Tweet war jedenfalls in gebrochenem Deutsch verfasst).

Dabei bedaure ich bis heute die 110 neuen Arbeitslosen aus dem grünen Apparat; ich beklage die Partei, die von regulierungsgeilen Ökoğans aus der Realität geradelt wurde; ich schätze Ulrike Lunacek, die vom sicheren Brüssel ins grüne Schilda gewechselt war, obwohl dort nach ein paar Jahren Glawischnig nur noch die Evakuierungsmaßnahmen zu koordinieren waren.

Die Grünen jedenfalls drohten umgehenden Neubeginn an, und das klang aufs erste Hinhören nicht gut. Würden nun in der Nacht außerparlamentarisch Bio-Kastanien in Auspuffrohre gesteckt und Einbahnschilder umgedreht (eine in Wien längst bewährte Praxis)? Planten Eva Glawischnig und ihr Gatte, ein bei „Dancing Stars" erfolgloser erwerbsloser Fernsehmoderator, eine Event-Agentur zur Ausrichtung von Nacktradlergeisterdemos auf der A1? Wollte die Alt-Parteichefin, wie im Fall der Bundeshymne, etwa gar wieder zu dichten beginnen?

Das wäre das Zweitschlimmste gewesen. Dass es noch schlimmer kommen könnte, hatten sich auch Satiriker nicht auszumalen vermocht: Eva Glawischnig, die zuvor über Jahre das so genannte kleine Glücksspiel bis auf den Bio-Häcksler bekämpft hatte, verdingte sich beim weltmarktführenden Spielhöllenbetreiber Novomatic als „Nachhaltigkeitsbeauftragte".

Damals begann ich an meiner Aufgabe als Kolumnist erstmals zu verzweifeln: Alle Witze zum Thema waren Stunden nach Bekanntgabe der Personalie schon gemacht. Nicht nur erhob sich die Frage, bei wem (außer im engsten Familienkreis) die Dame eigentlich lobbyieren sollte, wo doch, vom Linksautonomen bis zum Identitär, Angehörige aller gesellschaftlichen Richtungen über die Umsteigerin herfielen. Zusätzlich eröffnete das Avancement schrankenlose kabarettistische Perspektiven. In sozialen Medien zerkugelte man sich über „Julian Schmid: Jugendkontaktperson bei Glock" und „Sigrid Maurer: Genderbeauftragte bei YouPorn". Originell auch „Busenbauer": Glawischnig als biologisches Pendant zum anderen Situationselastiker, dem in diesem Kapitel noch Platz eingeräumt werden wird.

Dabei habe ich gar nichts gegen das kleine Glücksspiel: Zur Bekämpfung der familiären Schuldenfalle müsste man ebenso die Schaufenster verkleben und den Online-Handel stilllegen. Ich stehe sogar dieselgetriebenen Fahrzeugen neutral gegenüber: weil ja keiner weiß, ob morgen nicht schon der Gartengriller oder der Einwegschnuller der neue Feind ist.

ABER: Eva Glawischnig, die vor ihrer Selbstsprengung eine halbwegs sympathische Narrenpartei zum Revolutionsrat schmallippiger Korrektheits-Ayatollahs und Verbotshysteriker degenerieren ließ – die bekam ihre ungesättigten Fettsäuren mit Recht ab.

Sigi Maurer, Öko-It-Girl – die grüne Kardashian

Eva Glawischnig wurde alsbald vergessen, aber die Grünen wollten in ihren Implosionsanstrengungen auch posthum nicht innehalten. Zentrale Position innerhalb dieses Projekts nahm – nicht überraschend – die schon erwähnte Sigrid „Sigi" Maurer ein. Schon frühzeitig hatte ich mir über die Dame, die Charme und Geist in seltener Synthese vereint, Gedanken gemacht. Bald nach der Wahl war sie ihren „Hatern" über die sozialen Medien mit dem erigierten Mittelfinger (dem so genannten Stinkefinger) begegnet. Das war schon der Beginn der Neuorientierung. Die allerdings erwies sich als vorerst schwierig, denn Leistungsnachweise im engeren Sinn waren schon zu Maurer'schen Aktivzeiten als Mandatarin nur unscharf auszumachen gewesen. Wie sich herausstellte, war allerdings gerade das ihre Chance. Alkoholisierte Tweets vom Parlamentsbalkon, Stinkefinger-Selfies mit Sektglas, Serienstänkern in Talk-Shows: Das weckte Erinnerungen an Nadja „Naddel" Abd el Farrag, die Geissens, die Schwestern Kardashian und Paris Hilton. Zwar schienen mir sowohl „Paris" als auch „Hilton" etwas hoch gegriffen. Aber „Wörgl Zum Hirschen" oder „StudentInnen-WG Mutters", so dachte ich, könnte sich ausgehen als Nickname für das erste It-Girl in der seltenen Öko-Variante. Und mit Begier blickte ich den ersten Burkini-Fotos auf WhatsApp entgegen.

Und dann war es der kaum angelobte Innenminister Herbert Kickl (FPÖ), der Sigrid „Sigi" Maurer ins Zentrum der Aufmerksamkeit rückte. Kickl veranlasste damals den bis heute nicht ausjudizierten Überfall einer paramilitärischen Polizeieinheit auf das Bundesamt für Verfassungsschutz (angeblich, um dort gelagertes, die FPÖ kompromittierendes Material aus dem Weg zu schaffen, es gilt die Unschuldsvermutung). Nun musste für dieses unkonventionelle Vorgehen, das durch die mittlerweile gerichtlich für unwirksam erklärte Suspendierung des Behördenleiters Gridling gekrönt wurde, nur noch ein Anlass gesucht werden. Man fand ihn begeisternderweise ausgerechnet in der Maurer'schen Vergangenheit als Studentenvertreterin: Dass die Verfassungsschützer es widerrechtlich versäumt hätten, sie aus der Extremistendatenbank zu löschen, sollte Gridling den Hals brechen. Nun hatte Sigrid Maurer in der Extremistendatenbank tatsächlich nichts verloren (ebenso gut hätte man gegen einen

Waldorf-Kindergartenbobo mit Spritzpistole die Cobra-Truppe bemühen können): Der verhaltensoriginelle Twen hatte bloß 2010, mutmaßlich in Sektlaune, im Parlament randaliert. Ein Klassenbucheintrag plus Abmahnung durch den Schulpsychologen hätte auch genügt. ABER: Die grüne Rabiatperle, die den Stinkefinger unbeirrt auf Genderungsverstöße und verwandte Kapitalverbrechen legt, als Kickls unfreiwillige Putsch-Primadonna? Das nennt man Rache der Geschichte.

Kickl blieb nicht der einzige Gentleman, der Sigrid Maurer beim Comeback beisprang. In erster Linie ist hier die amtierende Führung des Instituts für Höhere Studien (IHS) zu würdigen, die Frau Maurer unter ihr handverlesenes wissenschaftliches Personal aufnahm. Diese angesehene, maßgeblich aus öffentlichen Mitteln finanzierte Institution beeinflusst mit ihren Prognosen nachweislich die österreichische Wirtschaftsentwicklung. Das lässt für unser aller Zukunft hoffen: Denn hochqualifizierter Nachwuchs ist rar, und ihrem selbst verfassten Lebenslauf zufolge hat Sigrid Maurer nach sechsjähriger Mühewaltung das begehrte Bakkalaureat aus Soziologie errungen. Snobs wenden zwar ein, dieser Grad stehe nicht zwingend für wissenschaftliche Exzellenz. Ja, Zyniker höhnen ihn gar als mehrmonatigen Förderkurs für akademische Vorschulproblematiker. Aber denen kann die unvergessene Sigi getrost den Stinkefinger zeigen.

Ihr weiterer Karriereweg zum It-Girl der ökofeministischen Bewegung führte über die Strozzigasse im achten Wiener Gemeindebezirk. Vom mehrfach genutzten PC-Anschluss eines dort befindlichen Bierwirtshauses – also von privat an privat – übermittelte ihr ein Kretin degoutante sexuelle Avancen, die nach Maurer'scher Gepflogenheit umweglos an die Medien weiterbefördert wurden. Alsbald sonnte sich der Absender in einer Öffentlichkeit, wie er sie nicht in seinen abartigsten Träumen für möglich gehalten hätte. Am Ende konnte das Land die (medienseitig libidinös repetierten) anatomisch-psychiatrischen Details auswendig rezitieren. Allerdings beschuldigte Frau Maurer den Gastronomen ohne Beweis – dafür aber mit Namen und Adresse – der Urheberschaft, sodass er zum Gaudium seiner

Zechbrüder wegen übler Nachrede und Geschäftsstörung klagte. Die Beweiswürdigung war zum Zeitpunkt der Drucklegung dieses Buches noch nicht abgeschlossen, doch rechnete sich die Beklagte gute Chancen auf Freispruch aus, da sich der Absender der Invektiven durch seine Punktation verraten habe (das ist, falls es den verehrten Leser interessiert, eine Auslegungsregel aus dem deutschen und österreichischen Rechtswesen, gemeint war Interpunktion).

An dieser Stelle ist es wieder Zeit für eine meiner beliebten Einlassungen für alle, die es mit der Ironie nicht so haben: Die Opfer digitaler Massenvergewaltigungen durch asoziale Medien kämpfen seit Jahren, gegen die Interessen einer perversen Internet-Lobby, um die Regulierung dieses Wahnsinns. Mit dilettantischen Gaudi-Aktionen, die noch dazu ein fatales Präzedenzurteil nach sich ziehen können, beschädigt man exemplarisch ein bedrängendes Anliegen.

Das gilt auch für eine weitere Dame, die sich zuletzt mit Maurer'scher Unbeirrbarkeit ihren Weg bahnte: Die Steirerin Martha Bißmann war auf die Liste Pilz nachgerückt, weil der Gründer unter #MeToo-Bedrängnis den temporären Rückzug angetreten hatte. Als Pilz sein Mandat zurückwollte, forderte die steiermärkische Schlingpflanze als Gegenleistung u. a.: den Parteivorsitz „mit einer Funktionsentschädigung in Höhe eines Nationalratsgehalts bis zum Ende der Gesetzgebungsperiode", ein Büro und die Demontage zweier Listenkollegen. Weil das Ansinnen aufflog und es dann doch anders kam, erlitt sie alsbald, auf einer Bank mit den angegriffenen Personen, zum Vollbezug das parlamentarische Martyrium. Und weshalb? „Ich will ein Zeichen senden an alle Frauen, die so etwas täglich am Arbeitsplatz erleben in Machtverhältnissen." Mittlerweile herrscht innerhalb der Liste Pilz reges Gehen, zuletzt empfahl sich unter kaum vernehmlichem Schelten ein von der SPÖ-Hinterbank zugewanderter Narziss. Eva Glawischnig lebt.

Als Realo unter Untoten – Georg Willi und die Tiroler Grünen

Die Grünen fristen derweil in mehreren Ländern und Gemeinden ihr Dasein als Mehrheitsbeschaffer (Untote in Freilandhaltung sozusagen). Gelernt haben nur wenige, wie das Beispiel der Innsbrucker Bürgermeisterwahl vom April 2018 belegt. Da war die langjährige Vizebürgermeisterin Sonja Pitscheider in der Kampfabstimmung um die Spitzenkandidatur ihrem Fraktionsfreund Georg Willi unterlegen. Wenig später gab sie ihren Parteiaustritt bekannt. Anlass war ein Interview, in dem Willi nebst anderem Folgendes zu bedenken gegeben hatte: „Die Frage, ob ich mir das Dach überm Kopf leisten kann, beschäftigt die Leute mehr als die Frage nach dem Binnen-I oder der Ehe für alle."

Damit hatte er sich als Bio-Bodenhaltungs-Kuckucksei, um nicht zu sagen: als grün verkappter Blauer geoffenbart. Denn nicht anders konnte die Interviewpassage aus dem Blickwinkel der grünen Realitätsmigranten verstanden werden: Da fordern die Innsbrucker Obdachlosen seit Jahren die eheliche Besiegelung ihrer eingetragenen Partnerschaften und die Umrüstung von Notschlafstellen in Genderberatungsbüros. Aber statt dass man dem Kerl Konstantin Weckers „Gestern ham s' den Willi derschlagn" gegeigt hätte, gewann er die Wahl.

SchildbürgerInnen – grüne Momentaufnahmen aus Niederösterreich

In Niederösterreich entgingen die Grünen knapp (also: um einen aus Korrektheitsgründen nicht näher zu bezeichnenden Vorgang) der Abwahl aus dem Landtag. Die Wahl gewann mit kompakter Mehrheit Johanna Mikl-Leitner (ÖVP), so wie in Tirol Günther Platter (ÖVP), in Salzburg Wilfried Haslauer (ÖVP) und in Kärnten Peter Kaiser (SPÖ). Merke: Souveräne, unhysterische und realitätsnahe Amtsführung wird von der Wählerschaft ohne Ansehen der Parteien geschätzt. Während Parteien ohne Ansehen ihr Kapital schon verspielt haben.

In Niederösterreich dreht derweil die grüne Restpopulation zum Gaudium zu weniger Zuschauer possierliche Pirouetten. Mindestens einmal die Woche werden die Medien mit eigenwillig formulierten Aussendungen erfreut, zur Verleihung gelangt u. a. der Preis für den „Schildbürgerstreich des Monats", woraus die folgende kostbare Medienmitteilung des grünen Klubs resultierte: „Schildbürgerstreich des Monats wurde wegen dringender terminlicher Verpflichtungen der Klubobfrau abgesagt." Was wäre uns bei konsequenterem Termindruck etwa auf die Wiener Vizeschildbürgermeisterin Vassilakou nicht alles erspart geblieben!

Zum Jahreswechsel 2017/18 erreichten die niederösterreichischen Grünen dann endlich die Weltöffentlichkeit. Zumindest konnte das aus ihrer eigenen, dem Lobau- und Semmeringtunnelblick geschuldeten Perspektive nicht anders sein. „Alle Welt", so ließ die Pressestelle die elektrisierte Öffentlichkeit wissen, spreche über ein Wahlkampf-Video, auf dem die Bio-Zombies in „Star Wars"-Kostümen posierten. Während nun „alle Welt" den Atem anhielt, gerieten die „Jedi-RitterInnen" ins Visier der „schwarzen Macht": Die örtliche ÖVP soll dem Disney-Konzern einen Tipp gegeben und eine drohende Urheberrechtsklage auf den Weg befördert haben.

Allerdings konnten im weiteren Verlauf keine einschlägigen Aktivitäten des Unterhaltungsgiganten beobachtet werden. Und das war ein Glück, denn schon bahnte sich eine Prozessflut an, die sämtliche #MeToo-Aktivitäten in den Schatten gestellt hätte. Am schlimmsten hätte es unseren Kanzler getroffen: Disney wollte wegen Verwechslungsgefahr mit der Marke „Dumbo, der Elefant" klagen. Zusätzlich prüfte die vatikanische Urheberrechtsbehörde gerichtliche Schritte, die zur sofortigen Einstellung sämtlicher bastisch-bethlehemischen Erlöseraktivitäten geführt hätten (als geschmacklos wurde dabei vor allem ein beabsichtigtes Product Placement für Pampers-Windeln beanstandet).

An Altkanzler Alfred Gusenbauer (SPÖ) soll, wieder von Disney, die Aufforderung zur Abnahme der Kater-Karlo-Maske ergangen sein. Und gegen Richard Lugner mobilisierten die Produzenten des Porno-Comics „Fritz the Cat", laut Wochenzeitung „Die Zeit" ein „Sudelvieh, ein Schlammkater, der durch eine minuziös gezeichnete Großstadt-Undergroundszene streunt, immer auf der Suche nach schnellem Lustgewinn". Und das alles nur, weil die grünen Jedi-RitterInnen um ihre Wiederwahl in den niederösterreichischen Landtag bangten.

Das Menschenrecht auf Komasaufen – Impressionen aus dem rot-grünen Wien

In Wien ist die Situation noch um ein Vielfaches komplizierter, denn hier stehen die Grünen in der Regierungsverantwortung. Dass Bürgermeister Michael Häupl (SPÖ) seiner grünen Stellvertreterin Maria Vassilakou just das Verkehrsressort überantwortete, wurde als taktischer Schachzug interpretiert: mit dem Ziel, die Neutralisierung des lästigen und ungeliebten Koalitionspartners an den Volkszorn zu delegieren.

Es kam anders. Das grüne Wirken in Wien nimmt wenn schon nicht ruinöse, so doch beschädigende Ausmaße an. So beobachtete man erstaunt das Festhalten der Vizebürgermeisterin an einem massiv hässlichen Zubau zur Karlskirche im Auftrag eines Versicherungskonzerns. Elegant besetzte Bürgerinitiativen, unterstützt von namhaften Künstlern, wandten sich vergebens gegen das Ansinnen. Ehe Häupls Nachfolger Michael Ludwig zumindest entschärfende Maßnahmen anordnete, schien der Weg des Vassilakou'schen Wirkens vorgezeichnet: Da einander Korrektheit der besonderen Art und gewinnorientiertes Denken nicht ausschließen müssen, wäre die Bio-Abrissbirne gleich großflächig auszufahren gewesen.

Ich aber hatte mich in meiner Eigenschaft als praktizierender Opportunist schon mit einem Konzept in die Planung eingebracht.

1) „Projekt Agropolis". Unter Federführung der griechisch verwurzelten Vizebürgermeisterin sind Burggarten und Schönbrunner Park dem Bio-Dinkelanbau zu erschließen.

2) Hofburg, Schönbrunn und weitere Geschichtsrückstände sind durch Dachaufbauten im Wert zu steigern und an postsowjetische Oligarchen zu veräußern. Zum Konsulenten ist Alfred Gusenbauer zu bestellen, der als Berater des demokratischen Regimes von Kasachstan Integrität und die nötige Innensicht einbringt.

3) Als Aufsichtsratsvorsitzender eines Glücksspielkonzerns soll der Altkanzler dann den schrittweisen Verkauf des Stephansdoms und seines Filialnetzes vorbereiten. Ziel ist deren Umwidmung für den Casino- und Automatenbetrieb (ein Quantensprung auch zur Säuberung des öffentlichen Raums von religiösen Symbolen).

4) Das Rathaus ist unter der Neubezeichnung „Radhaus" zum weltgrößten Fahrradverleih auszubauen. Vorrangig ist der Rathausmann seiner kriegerischen Accessoires zu entkleiden und mittels Fahrradhelm, Knieschützern und Luftpumpe (statt Schwert) zur identitätsstiftenden „Radhausperson" zu neutralisieren. Die Kosten sind sekundär. Gutes Rad ist teuer.

*

Michael Ludwig war kaum zum Bürgermeister designiert, da wankte die rot-grüne Koalition schon erheblich. Der neue Stadtvater wurde als verkappter Rechtspopulist, quasi die fünfte Kolonne des Krypto-Faschismus, beim Namen genannt. Wie er es dorthin geschafft hatte? Mit der Verhängung eines Alkoholverbots auf dem touristisch heiklen Praterstern. Offenbar hatte Ludwig damit noch vor Amtsantritt eine fundamentale zivilgesellschaftliche Errungenschaft mit Füßen getreten: nämlich das Menschenrecht auf Komasaufen mit Rudeltögeln im öffentlichen Raum (wogegen ein gesetzlich eheberechtiger Sechzehnjähriger, der sich auf seiner Hochzeitsfeier ein Schnäpschen genehmigt oder einen Stängel anheizt, mit Gerichtsfolgen rechnen muss).

Und jetzt wieder meine beliebte Zusammenfassung für alle, die es mit der Ironie nicht so haben: Das Nachrücken vernünftiger Politiker wie Ludwig und Georg Willi bei gleichzeitiger Selbstaufstechung realitätsverlorener rot-grüner Bobo-Blasen lässt für beide Parteien hoffen.

*

Diese Nachrückung kommt keinen Augenblick zu früh, denn das grüne Obwalten in Wien ist zur plagenhaften Einwohner-belästigung geworden und lässt für die anstehende Kommunal-wahl blaue Konsequenzen befürchten. So wurde ich vor nicht langer Zeit zum unfreiwilligen Teilnehmer am Internationalen Hanf-Wandertag, der Verkehrsverbindungen lahmlegte und das fragile Samstaggeschäft auf der amtlich bereits paralysierten Mariahilfer Straße vollends kollabieren ließ. Vom scheltenden Taxilenker im Schritttempo nach Hause befördert, fand ich Zeit für sentimentale Demo-Reminiszenzen: War da nicht irgend-wann, in meiner beunruhigend fernen Jugend, etwas anderes als pubertäre Passantenbelästigung? Etwas anderes als die Udo-Jür-gens-Bademantelparade auf dem Ring oder systematische An-rainerterrorisierung durch Hip-Hop-gestützte Diktatorenbe-grölungen?

Damals, als ich noch selbst für den Frieden und gegen das Atomkraftwerk Zwentendorf, für das damals freie Nicaragua und gegen die Regierung Schwarz-Blau-eins unter Wolfgang Schüssel auf der Piste war, Letztgenanntes viele Donnerstage lang?

Ich bekämpfte den Nostalgiekoller und beschloss, mich selbst in das neue Geschäftsfeld einzubringen. Analog zum Hanf-Wan-dertag konzipierte ich den Bellen-Vandertag. Dresscode: Burka, Smokingkrawatte, Sandalen aus dem Ein-Euro-Shop sowie ein Schizo-Warnaufkleber, der eine Raucherlunge in der Gestalt eines grünen Lach-Smileys zeigt.

Ich verfügte die Umbenennung der Innenstadt in BInnen-stadt und deren Evakuierung zugunsten spontaner Kundgebun-gen für das Binnen-I. Dort verortete ich auch den Volker-Piesc-zek-Halbnacktgedächtnislauf an jedem 28. 4. (dem Jahrestag des Ausscheidens des Glawischnig-Gatten aus „Dancing Stars"). Hohen Spaßfaktor versprach ich mir schließlich von unange-

meldeten nächtlichen Geisterradlerparaden auf der Westauto-
bahn. Dann war ich zu Hause und rang wieder mit meinen
Sympathien für die Einschränkung des pervertierten Demons-
trationsrechts.

Kampfäußerln – ein Präsident im rotseidenen Käfig

Wie es Alexander Van der Bellen als Kandidat der kollabieren-
den Grünen in die Hofburg schaffen konnte, wird an anderer
Stelle eingehender analysiert. Vielleicht war es auch das: dass
er keinerlei Ambition auf das Amt erkennen ließ. Schon 2010
hatte er sich auf diese Art des Verständnisses der genetisch an-
triebslosen Bobo-Population versichert: Damals gewann er den
Grünen mit Vorzugsstimmenmehrheit die Wiener Gemeinde-
ratswahl, nahm das Mandat aber nicht an und verfügte sich
als Häupls „Sonderbeauftragter der Stadt für Universitäts- und
Wissenschaftsangelegenheiten" in den vorläufigen Ruhestand.
Maria Vassilakou konnte daraufhin ohne bändigende Hand ihr
verhängnisvolles Wirken aufnehmen.

Erwartungsgemäß erwies sich also die Amtseinführung als
letzte öffentlich wahrgenommene Aktivität des neuen Staats-
oberhauptes. Mit einer Ausnahme. Es war im September 2017,
eine unruhige Zeit: In Hollywood versank eine ganze Branche
zu den Klängen des Liedes „Es wird a Weinstein, und wir wern
nimmer sein", das der weitblickende Willi Forst schon anno 1929
in einem klassischen „Titanic"-Film sang. Gleichfalls über dem
großen Teich bot Larry Flynt, Herausgeber des Pornomagazins
„Hustler", zehn Millionen Dollar für den Sturz Donald Trumps
(offenbar ein Kampf bis aufs Messer um das Geschäftsfeld „Sau-
bartel des Planeten", wobei die unfreundliche Übernahme der
USA durch den „Hustler" eine Hoffnung gewesen wäre).

Nichts aber wühlte die regionale Öffentlichkeit so auf wie das
Bild unseres Präsidenten, der mit der Miene finsterer Entschlos-
senheit die Hündin Kita zum illegalen Kampfäußerln in die
Hundeverbotszone Heldenplatz führte. Diese Demonstration

zivilen Ungehorsams rückte uns den Präsidenten unversehens menschlich näher: Man ahnte, wie dem alten Leider-nein-Aubesetzer im Gefängnis mit den rotseidenen Tapisserien zumute sein musste. Würde er in Folge Angela Merkel in der Bio-Burka empfangen, einem ganzkörperverhüllenden Freilandhuhnkostüm? Würden wir uns bald den wegen multipler Sachbeschädigung verhafteten Sprayer PUBER zurückwünschen, angesichts der nächtlichen Runden von Nachfolgemodell HBP? Schlagartig wurden mir zudem die Hintergründe der Mauer-Affäre Ballhausplatz klar, jener im Nationalratswahlkampf fatal entgleisten Schutzmaßnahme für die Regierung: Nicht um Kanzler Kern vor Terrorangriffen zu schützen, sondern um den in der Nachbarschaft residierenden Bundespräsidenten samt Hund am Ausrücken zu hindern, wollten besorgte Mitarbeiter der Präsidentschaftskanzlei um den Platz den antiterroristischen Schutzwall errichten. Für Kitas Bequemlichkeit wurden dann auf dem Kompromissweg Poller bereitgestellt.

Der rote Glawischnig – ein Exkurs zum Altkanzler Gusenbauer

Alfred Gusenbauer, Bundeskanzler der Republik Österreich zwischen 2007 und 2008, ist die Art Sozialdemokrat, die lebenslange Stammwähler wie mich dazu ermuntert, den Stimmzettel nur noch mit spitzen Fingern einzuwerfen. Erinnern wir uns: Ende 2008 von der eigenen Partei aus dem Amt befördert, trat er wieder in den Dienst der Niederösterreichischen Arbeiterkammer, und zwar als Referatsleiter für die dort besonders virulenten Europafragen. Dann aber beschloss er, wie zuvor schon der Kollege Hubert Gorbach (FPÖ), dass ihm Lower Austria too small sei, und gründete als Alleingeschäftsführer die „Gusenbauer Projektentwicklung & Beteiligung GmbH.". Die Entwicklung erwies sich als so atemberaubend wie die Flexibilität in Beteiligungsfragen: Gusenbauer beriet den kasachischen Diktator Nursultan Nasarbajew und seinen gestürzten ukrainischen

Amtsbruder Wiktor Janukowytsch (eine Karriere als Küchen-chef bei Idi Amin vereitelte die Ungnade der späten Geburt); Gusenbauer half einem Spielhöllenbetreiber bei der Expansion nach Südamerika; Gusenbauer praktizierte seinem Nachnach-folger Christian Kern den gerichtsnotorischen israelischen Schmutzkampagniseur Tal Silberstein ins Wahlkampfteam; und Gusenbauer traf Anfang 2018 endlich im Spitzengrüppchen des internationalen Grauzonen-Jetsets ein: Da wurde bekannt, dass das FBI gegen die vom Altkanzler präsidierte Organisation „Hapsburg" im Großbereich Trump'scher Wahlkampfaktivitä-ten Ermittlungen aufgenommen habe.

Selbst ich, der ich mit Verschwörungstheorien nachweislich nie etwas am Aluhut hatte, begann mir da Fragen zu stellen: zum Beispiel, wo Alfred Gusenbauer am 11. September 2001 war. Er-innern wir uns: Bekanntlich entschied sich Klein-Gusi, Jahrgang 1960, schon in der Sandkiste für die schiefe Bahn (die dann bis zur Kanzlerschaft und weiter führte). Damals lief gerade die „Batman"-Serie, und ich frage mich, welchen Einfluss die Figur des Jokers auf die fragile Kinderseele nahm. Ohne etwas andeu-ten zu wollen, erinnere ich daran, dass Jung-Gusi beim Einsturz der Reichsbrücke aktive 16 war. Sein amtsbekanntes Faible für einen guten Tropfen wiederum weckt Erinnerungen an den Gly-kol-Skandal 1985. Um etwa diese Zeit küsste er in seiner Eigen-schaft als Bundesvorsitzender der Sozialistischen Jugend auch die sowjetische Erde, eine weitblickende Investition in spätere Zuwendungen der Diktatoren Nasarbajew und Janukowytsch.

Jetzt frage ich mich, ob er nicht eventuell auch im Auftrag Kim Jong-uns für die Vergabe der Olympischen Winterspiele nach Südkorea lobbyiert hat, um das Land in den Ruin zu treiben. Auch deren nächster Austragungsort Peking trägt diese Hand-schrift: Wäre doch dort, mangels landschaftlicher Erhebungen, selbst für die Bezwingung des Leopoldsbergs die Alpinprüfung Stufe 3 erforderlich. Dass unter Gusenbauers Federführung am ersten Formel-1-Rennen auf dem Dachstein gearbeitet wird, bleibt hingegen vorerst ein Gerücht.

Daseinsversorgt – eine letzte Würdigung für Renate Brauner

Was man unter „Daseinsvorsorge" versteht, war mir unbekannt, bis sie unversehens in den Mittelpunkt der Lebensplanung Renate Brauners rückte. Diese so verdiente Politikerin, Wiens parteifreundlich gestrauchelte Ex-Vizebürgermeisterin, hat offenbar den stürmischen Avancen der Privatwirtschaft widerstanden, um ihrer Stadt künftig noch effizienter dienen zu können: nämlich als „Beraterin im Bereich Daseinsvorsorge und Kommunalwirtschaft".

Daseinsvorsorge, so entnehme ich nun dem Internet-Auftritt der Gemeinde Wien, betrifft u. a. die Bereiche Wasserversorgung, Abwasser- und Müllbeseitigung sowie den öffentlichen Personen-Nahverkehr. Gebündelt sind diese verdienstvollen Aktivitäten überraschend in der MA 27, dem „Amt für europäische Angelegenheiten" (worauf ich nicht sofort gekommen wäre). Für „deutlich unter 10.000 Euro" (die Mindestsicherung für kommunale Würdenträger, Klasse A) soll nun die Alt-Vizebürgermeisterin die internationale Vernetzung der Daseinsvorsorge-Belange vorantreiben.

Leicht stelle ich mir das nicht vor, dafür aber umso spannender. Verhandelt sie jetzt für die Wiener Linien den Ausbau der Straßenbahn 71 von der Station Zentralfriedhof, 3. Tor, nach Ulan Bator? Jettet der mediennotorisch ballbegeisterte Wirbelwind künftig rastlos von der Redoute der kirgisischen Müllabfuhr zur Faschingssitzung der Bukarester Verkehrsbetriebe – immer 500 Flakons „Kanal 5" als Damenspende im Gepäck? Als begleitendes Start-up wäre die Gründung einer Burlesk-Tanzgruppe im schicken orangeroten Dienst-Overall der MA 48 ins Auge zu fassen. Eventuell fraktionenübergreifend mit der fast genauso unentbehrlichen türkisen Quereintänzerin Maria Großbauer, die es vom Opernball ins Hohe Haus geschafft hat, um dort dem Begriff des beredten Schweigens zu neuer Dimension zu verhelfen.

Und jetzt? Fragen zur selbstentsorgenden Opposition

Die rückstandlose Auflösung der Oppositionsparteien eines Landes hat keinen guten Ruf. Für den Vorgang kursieren unelegante Bezeichnungen wie „Staatsstreich" und „Militärputsch", das Resultat wird gern „Diktatur" genannt. Mancher selbstlose Freund des Volkes ist auf diese Weise schon vor den internationalen Gerichtshöfen (wenn nicht gleich vor dem ewigen Politbüro) gelandet. Denken wir an Ceauşescu, Gaddafi, Karadžić und die anderen.

Deshalb suchen moderne Postdemokraten wie Orbán, Putin oder Erdoğan nach sanfteren Wegen zum Einparteiensystem. Aber nicht in ihren kühnsten Visionen konnten sie das österreichische Modell vorhersehen: die ohne Außeneinwirkung selbstentsorgende Opposition.

Um das Weltpatent rittern Christian Kern, Eva Glawischnig, Matthias Strolz und die Liste Pilz (mit Nachwuchshoffnung Martha Bißmann, einem Ausnahmetalent in den boboistischen Schlüsseldisziplinen Raffgier und Realitätsverlust). Sie alle dürften bald gesuchte Vortragende an den Parteiakademien von Pjöngjang, Kinshasa oder Malabo sein.

Denn niemand konnte bisher ergründen, wie das möglich ist: dass sich eine Oppositionspartei nach der anderen freiwillig, ohne Druck und mit beträchtlichem Einfallsreichtum in schlechte Luft auflöst.

Den ehrlichsten Weg der Selbstzerstörung wählte, der Silberstein'schen Ränke offenbar müde, die SPÖ: Sie hat den ehemaligen Bundesbahndirektor Kern im Amt des Parteivorsitzenden bestätigt, einen unkommunizierbaren Hybriden, der günstigstenfalls die obere Führungsebene der verstaatlichten Halbwirtschaft authentisch zu repräsentieren versteht (ein doch arg schmales Wählersegment). Die Grünen und die Liste Pilz vertrauen barbarischen Demütigungs- und Selbstzerfleischungsritualen.

Die Suizidstrategien scheinen unerschöpflich, wobei sich der nach Serienwahlsiegen scheinbar anlasslos zurückgetretene NEOS-Gründer Matthias Strolz einer besonders raffinierten Technik bediene. Nun scheinen sich die Hintergründe zu erhellen: Nach verbindlichen Informationen aus NEOS-Kreisen haben die von Strolz umarmten Bäume Sammelklage nach #MeToo eingebracht. Da der Mann die über Jahre verübten systematischen Übergriffe auch noch öffentlich einbekannt hat, dürfte seine Verhaftung stündlich bevorstehen.

... oder ein Signal der Hoffnung?

Oder verhält es sich gerade umgekehrt? Tritt nicht vielmehr Mutter Natur wieder in ihre Rechte? Kehrt nicht die Wildnis zurück? Liest sich der Schluss dieses Kapitels also womöglich ganz anders? Der Kampf ist unentschieden, zwischen Jäger- und Bauernschaft auf der einen und Naturschutzorganisationen auf der anderen Seite tobt ein Konflikt um die Wiedereinwilderung verdrängter, wenn nicht gar ausgestorbener Raubsäuger. Speziell seit in Mauerbach bei Wien ein Schaf gerissen und ein anderes aus Schreck vom Herzinfarkt ereilt wurde, konzentriert sich die Debatte wieder auf den erst vor Kurzem notdürftig rehabilitierten Wolf.

Dabei wird das erfreulich gehäufte Wiederauftreten anderer gefährdeter Arten übersehen. Zum Beispiel der Grüne Schlinger (Glawischnig Vulgaris), dessen letztes überlebendes Exemplar man in privater Käfighaltung bei einem Spielhöllenbetreiber glaubte. Nun konnte durch genetischen Stinkefingerabdruck ein Freiläufer im 8. Wiener Gemeindebezirk nachgewiesen werden: Wie berichtet, hat die Alt-Abgeordnete Sigi Maurer einen Bierwirt angefallen, der ihr obszöne Botschaften zukommen ließ. Dem verängstigten Mann wurde von der Forstbehörde empfohlen, sich mit einem Elektrozaun zu schützen (und zum Besten der Allgemeinheit den Schlüssel zu verlieren). Wenige Straßenzüge entfernt, in der Löwelstraße, wurde ein Wiedergänger aus der Roten Liste gefährdeter Arten beobachtet: ein untoter Bundeskanzler in der schief sitzenden Mimikry des Oppositionsführers.

Bundesweit drängen derweil die – per türkiser Notverordnung für tot erklärten – Schwarzen Lemuren aus ihren Löchern. Und dass der Wiener Neustädter Kellersänger, ein paläolithischer Würgvogel, tatsächlich ausgestorben wäre: Das war bloß Volksaberglaube aus dem Märchenschatz der Landbauernschaft.

Der Rest der Welt

Von Minimundus nach Maximundus.
Ein Blick aus Österreich auf Donald Trump

Der Blick in das Archiv meiner erst seit Jänner 2017 bestehenden Kolumne vermittelt beunruhigende Resultate aus dem Erkenntnisgroßbereich „Vergänglichkeit des Irdischen". Denkt noch jemand daran, dass in Österreich zuletzt sieben Monate und drei Wahlgänge lang um die Bundespräsidentschaft gerungen wurde? Am 24. April 2016 traten sechs Kandidaten zum ersten Wahlgang an. Wer kennt ihre Namen? Die schon im Untergang begriffene Kanzlerpartei entledigte sich bei dieser Gelegenheit des letzten identifizierbaren Sozialdemokraten: Der Sozialminister Rudolf Hundstorfer, der das Amt anlässlich der Kandidatur ohne Not zurückgelegt hatte, ging mit 11,28 Prozent der Stimmen umstandslos unter, konnte aber den früheren Nationalratspräsidenten Andreas Khol vom Koalitionspartner ÖVP immer noch um 14 Zehntelprozentpunkte auf den vierten Platz verweisen. Nur Richard Lugner fand mit seinen 2,26 Prozent noch zögerlicheren Zuspruch und ist doch der Einzige von ihnen, dessen Name parasitär im kollektiven Gedächtnis festsitzt. Die frühere Höchstrichterin Irmgard Griss schließlich erzwang für die NEOS die Bronzemedaille.

In die Stichwahl am 22. Mai aber gingen Alexander Van der Bellen (Grüne) und Norbert Hofer (FPÖ). Van der Bellen gewann, doch das wollte die FPÖ im Sinne des sich materialisierenden postdemokratischen Gesellschaftsmodells nicht hinnehmen, weshalb Parteichef Strache als Hofers „Zustellungsermächtigter" Einspruch wegen „zu früher Veröffentlichung erster Ergebnisse" einbrachte. Deshalb wäre es zur Wahlwiederholung am 2. Oktober 2016 gekommen, hätte nicht die österreichische Kuvertierungsindustrie ihren Weltruf mittels technischer Probleme beim Wahlkartenversand gefestigt (ohne dass

Strache, ungeachtet seiner Praxis als Zustellungsermächtigter, diesmal nachweislich die Finger im Postumlauf gehabt hätte). Während der Firmenbetreiber heute mangels anderer Perspektiven vermutlich seine Memoiren unter dem Titel „Mein Kleben" verfasst, wurde am 4. Dezember 2016 unerwartet ein gültiges Wahlergebnis erzielt. Van der Bellen gewann und setzte bei dieser Gelegenheit sein bis dato letztes bekannt gewordenes Lebenszeichen (eventuell ausgenommen seine auch international wahrgenommene Anregung anlässlich des gesetzlichen Burka-Verbots in Österreich: „Es wird noch der Tag kommen, wo wir alle Frauen bitten müssen, ein Kopftuch zu tragen").

Sein Wahlsieg beruht auf einem riskanten Konzept: Gattin Van der Bellen und die mittlerweile verstorbene Präsidentenhündin Kita ausgenommen, konnte niemand gefunden werden, der das spätere Staatsoberhaupt aufgrund seiner überzeugenden Persönlichkeit gewählt hätte. Vielmehr kratzte das nicht FPÖ-affine Rest-Österreich seine letzten 7,58 Prozent Vorsprung zusammen, um den Gegenkandidaten zu verhindern. Das Verfahren erwies sich schon bei der nächsten Nationalratswahl als nicht wiederholbar. Wenig später schlug es auch in den USA mit Getöse fehl.

Deshalb ist jetzt Donald Trump und nicht Hillary Clinton vereidigter 45. Präsident der Vereinigten Staaten von Nordamerika. Das nenne ich, nicht frei von Schadenfreude, Rache der Geschichte. Trump, der glaubhaft als unehelicher Sohn Richard Lugners durchginge; Trump, der Schrittgreifer; Trump, der Oberbereiter, dessen Aktivitäten in Gestalt mehrerer unfreiwilliger Home-Pornos beim russischen Geheimdienst archiviert sind: Dieser waffenscheinpflichtige Libidinist regiert nun das Mutterland der Korrektheit, wo ein lüsterner Blick schon vor #MeToo ungünstigenfalls mit mehreren Jahrzehnten Freiheitsstrafe geahndet werden konnte (jetzt sind es Jahrhunderte).

Trumps Unsterblichkeit gründet sich nicht zuletzt auf seine Radikalreform der Wahlkampfführung. Wäre er als einschlägige Weltautorität nur ein wenig früher ins Amt gelangt, auch unser unter Qualen überstandener Präsidentschaftswahlkampf hätte sich amüsanter entwickelt. Der blondierte Rudolf Hundstorfer wäre dann Irmgard Griss vor laufender Kamera erotisch nahegetreten, und versunkenes Kulturgut wie „Hatscherter", „Puffendschango", „Grufti", „Glasscherbenpongo" oder „Spargeltarzan" wäre über die Fernsehdebatten wieder ins breitere Bewusstsein gedrungen. Und gewonnen hätte Richard Lugner, der all das genetisch draufhat.

Wären damals die hiesigen Korrektheits-Ayatollahs noch belehrbar gewesen, so hätte ihnen Trumps Wahl eine Warnung sein müssen: Man kann nämlich Wählern in einem Ausmaß auf die Nerven fallen, dass sie zu verhängnisvollen Gegenmaßnahmen greifen. Sie haben leider nicht auf mich gehört. Die Folge war der kollektive Selbstmord der parlamentarischen Linksparteien vor der anschließenden Nationalratswahl.

*

Der Literaturnobelpreis und der Friedensnobelpreis, so ließ Peter Handke schon vor Längerem wissen, wären im Gefolge systematischen Ehrverlusts einzustellen. Der Literaturnobelpreis hat in der Tat schon bessere Zeiten gesehen. Aber der Friedensnobelpreis gewann dank der Wahl Trumps an Attraktivität wie seit der Nominierung Adolf Hitlers anno 1939 nicht mehr. „Ich kann bestätigen, dass Trump nominiert ist", beantwortete der Direktor des Osloer Friedensforschungsinstituts, Henrik Urdal, eine entsprechende Anfrage der Online-Zeitung „Nettavisen". Trump sei von unbekannt schon zum dritten Mal für die Auszeichnung eingegeben worden.

An der Argumentation „Frieden durch Stärke" hat sich in den acht Jahrzehnten seit 1939 nichts geändert. Eingegeben hatte den Friedensvisionär Hitler, der seine pazifistische Gesinnung mit der Erklärung des Zweiten Weltkriegs gerade überzeugend unter Beweis gestellt hatte, damals der sozialdemokratische schwedische Abgeordnete Erik Gottfrid Christian Brandt. Er beharrte im Lichte der folgenden geopolitischen Entwicklungen vergebens darauf, satirische Absichten verfolgt zu haben.

Solche liegen mir fern: Wenn es eine Gerechtigkeit gibt, kann den nächsten Friedensnobelpreis nur Donald Trump bekommen. In einer langen Reihe glückhafter Entscheidungen würde diese den vorläufigen Höhepunkt markieren. Schon wie Trump bald nach seiner Wahl dem Kollegen Erdoğan über alle millimetertiefen und löschblattbreiten Gräben hinweg die Hand gereicht hat: Das wirft die Frage auf, weshalb er nicht schon anlässlich der Amtseinführung geehrt wurde wie der annähernd so verdiente Vorgänger Obama.

Auf der Hand läge die Teilung des Preises, wie sie mit nicht zu beschreibendem Erfolg 1994 vorgenommen wurde. Damals ehrte man neben der israelischen Regierungsspitze auch den Friedensvisionär Jassir Arafat, der vor Jahrzehnten den IS erfunden hat. Heute könnte die Zuerkennung an Trump und Kim Jong-un die Bemühung der beiden liebenswerten Hitzköpfchen um Entspannung krönen. Auf diese Weise geschähe auch Kim Il-sung senior, den man leider übersehen hat, posthume Genugtuung. Trump & Kim könnten zudem einen Intim-Versand gründen: das heißeste Start-up seit der kürzlich erfolgten Versteigerung einer Hitler-Unterhose aus geschichtsbegeistertem Grazer Hoteliersbesitz. Die Dessous-Linie „Oslo" mit notariell zertifizierten Gebrauchsspuren würde zum Verkaufsschlager.

Wird es mit Trump nichts, empfehle ich die anlasslose Auszeichnung der Kategorie „Wo woar mei Leistung?", so wie 2007 an den US-Vize Al Gore. Dann könnte endlich auch wieder die Stunde Österreichs schlagen: Vertreter aller Parlamentsfraktionen würden die Favoritenliste fluten.

*

Donald Trump arbeitet derweil unbeirrbar an der Errichtung der besseren Welt. Er macht dabei vor den kleinen Dingen so wenig Halt wie vor den letzten. Erinnern Sie sich zum Beispiel an das fotografische Dokument vom Antrittsbesuch der Familie Trump im Vatikan? Die Damen Melania und Ivanka entschieden sich damals für das Modell „Van der Bellen light" mit Transparentschleier, nachdem sie zuvor in Saudi-Arabien überraschend auf den Gebrauch des Kopftuchs verzichtet hatten (offenbar eine dem Termindruck geschuldete Verwechslung der Destinationen). Daneben der Heilige Vater mit einer Miene, als hätte ihm

ein texanischer Großrancher mit seinem Gaul den Dienstpark-
platz für das Papamobil verstellt.

Dann aber setzte Trump eine Geste der Entspannung und des
guten Willens, die den Pontifex nicht unberührt lassen sollte:
Sie trägt den Namen Callista Gingrich und ist Trumps neue Bot-
schafterin beim Heiligen Stuhl. Nun war für das Amt ja sogar
der steiermärkische Großhallodri Arnold Schwarzenegger ins
Auge gefasst worden (ein Vorgang vergleichbar der Bestellung
des Bocks zum Direktor der Bundesgartenverwaltung).

Dem Herrn sei Dank aber gewann Mrs Gingrich. Die Dame,
die sich das diplomatische Handwerkszeug mittels Wahlkampf-
spenden seriös erworben hat, ist zumindest über ihren Gatten
eine Berühmtheit: Newt „Fake Newt" Gingrich, vormals repu-
blikanischer Fraktionsführer im amerikanischen Senat, tritt seit
Jahrzehnten beherzt für die Interessen der Waffenlobby ein. In
dieser Eigenschaft eine Art Hoflieferant für den Himmel, findet er in seinem Präsidenten einen warmherzigen Unterstützer.
Selbst als nach einem Schulmassaker zehntausende Jugendliche
für die überfällige Verschärfung der Waffengesetze demons-
trierten, antwortete Trump mit einer Solidaritätsbekundung an
den Hohen Sklerus des Landes: Besser sollten – jedem Ameri-
kaner sein Bürgerkrieg – die Lehrer mit Faustfeuerwaffen auf-
gerüstet werden.

Mrs Gingrich wiederum hatte sich schon auf die Aspiran-
tenliste für Seligsprechungen interveniert, als sie den Gemahl
einst unter Verweigerungsdrohung der ehelichen Pflichten zum
Übertritt ins katholische Lager nötigte. Die Christenheit darf
aufatmen.

*

„Mein Mann sagt, die größten Helden der Weltgeschichte sind
über diese kleine Schwelle gestolpert", tröstet in Brechts „Drei-
groschenoper" die Gattin des Bandengroßkriminellen Peachum
dessen Widersacher Macheath anlässlich seiner Verhaftung. Der
Korruptionist und Massenmörder konnte es nicht lassen, seine
Flucht vor dem Gesetz im Hurenhaus von Turnbridge zu unter-
brechen. „Leider müssen Sie sich jetzt von den reizenden Da-

men hier verabschieden", bedauert Mrs Peachum. „Konstabler, halloh, führen Sie den Herrn in sein neues Heim."

Bis zur präsidialen Übersiedlung vom Trump Tower nach Sing Sing dürfte es sich zwar noch ein wenig ziehen (mindestens bis zum Auslaufen der Amtsimmunität). Aber auf der besagten Schwelle hat es ihn erst- und letztmals ernstlich gezaubert: Die verdiente Erotik-Darstellerin Stephanie Clifford (sehr vulgo: Stormy Daniels) bezichtigt den Aktiv-Cineasten grenzgesetzlicher Maßnahmen zur Verschleierung eines Verhältnisses, gepflogen anno 2006, als Trump-Gattin Melania gerade mit dem gemeinsamen Sohn Barron schwanger ging. Dass Mrs Daniels während des Präsidentschaftswahlkampfs über eine Zuwendung von 130.000 Dollar zur Diskretion überredet werden sollte, könnte Trump nun in Bedrängnis bringen: Hat er selbst bezahlt, käme das dem Eingeständnis der genossenen Fleischlichkeiten gleich. Hätte hingegen sein Anwalt Michael Cohen als Getriebener einer krankhaft erweiterten karitativen Ader (ein so genanntes Aneurysma) die Summe ohne Trumps Wissen überwiesen, so wäre das eine verbotene Wahlkampfspende. Nach Letztstand haben daher beide weder bezahlt noch nicht bezahlt. Womit – so Trump final auf Twitter – keine Fragen mehr offen sein sollten.

Leider allerdings verhält sich die Untersuchungsbehörde insubordinativ. Und deshalb ist Trump jetzt dank Horizontalprimadonna Stormy („Blow", „Operation Desert Stormy") in jener Bedrängnis, in die ihn keine andere Eskapade zu bringen vermochte – weder die monatliche Erklärung des Dritten Weltkriegs per Twitter noch ein Korruptionsaufkommen, gegen das sich der Ceaușescu-Clan wie die Kelly Family ausnimmt.

Die feinsinnige Künstlerin, als eines der großen Silikonvorkommen der nördlichen Hemisphäre auch ein bedeutender Wirtschaftsfaktor, hat sich noch weitere Verdienste erworben. Etwa durch realitätsnahe Auslegung der #MeToo-Bewegung: Sie unterstellt gar nicht erst, dass ihr anno 2006 durch den umtriebigen Baulöwen Zwang oder Gewalt geschehen sei. Sie will sich nur jetzt, wo es endlich ans Verdienen ginge, nicht an die Schweigevereinbarung halten, die sie (in Verkennung der

Trump'schen Wahlchancen) voreilig für läppische 130.000 Dollar unterzeichnet hat.

Im Zuge der Ermittlungen wurden noch beeindruckendere Details bekannt: So wollte Trump zu den gemeinsamen Freizeitaktivitäten auch Stormys annähernd so gern genommene Schauspielerkollegin Alana Evans beiziehen. Offenbar hat er – den Hit „Stormy Monday" der Allman Brothers im Kopf – an einem Wochenplaner gearbeitet: „Stormy: Monday; Alana: Tuesday; Daddy's Darling: Wednesday ..." (mit Gruppenseminar am Sonntag).

Und endlich begrüße ich namens der notleidenden Printmedien einen erst kürzlich bekannt gewordenen Nebenaspekt: Als es Trump seinerzeit auf das Titelblatt des Magazins „Forbes" geschafft hatte, ließ er sich von Mrs Daniels mit einem Exemplar des angesehenen Wirtschaftsperiodikums den Blanken versohlen. War es hemmungsloser Triumph? Oder gar eine Geste der Demut? Keiner weiß es. Aber hier deuten sich auch für die österreichische Printmedienlandschaft fruchtbare Kooperationsfelder an: Der beliebten Umweganfütterung durch politische Inserate winken neue, pikante Facetten.

Deshalb lese ich mit Begeisterung, dass das kalifornische 34.000-Einwohner-Städtchen West Hollywood den Stormy Day ausgerufen hat, exekutierbar an jedem 23. Mai. An diesem Tag wurde der Künstlerin auch symbolisch der Stadtschlüssel ausgehändigt: für ihre Verdienste als „Epizentrum des Widerstandes" gegen Donald Trump. Die Auszeichnung wiegt umso schwerer, als sich umgekehrt gar nicht jeder Einwohner der Kommune über den analogen Schlüssel zu Mrs Daniels' Epizentrum freuen würde: West Hollywood ist nämlich die regionale Homosexuellen-Metropole.

*

Über die ethische Verwerflichkeit des Kunstmarkts wurde viel Treffendes geschrieben. Da steigt ein zu Tode restaurierter angeblicher Leonardo da Vinci von 45 englischen Pfund im Jahr 1958 auf 450 Millionen Dollar (der Verkäufer des Bildes „Salvator Mundi" dürfte sich rechtzeitig auf den Erlöser-Boom um Sebastian Kurz gesetzt haben). Auf der anderen Seite der Erdkugel treiben chinesische Großschieber die Preise postmaoistischer Reissackl-Warhols in aberwitzige Höhen.

Da tut es gut, dass es noch Künstlerpersönlichkeiten wie Donald Trump gibt, die unkorrumpierbar ihren Weg gehen. Vielleicht hat mich seine Buntstiftzeichnung „Die Skyline von New York" deshalb so berührt, weil meine Tochter einst Vergleichbares beim Frühaufnahmetest in die evangelische Vorschule Wien-Gumpendorf vorgelegt hat. Nun wurde Trumps Werk aus dem Jahr 2005 vom Branchenprimus „Heritage Auctions" in Dallas, Texas, für 7500 Dollar angeboten und fand keinen Käufer. 450 Millionen für einen windigen Leonardo, keinen Cent für einen zertifizierten Trump – mit solcher Unverhältnismäßigkeit spricht die Branche ihr eigenes Urteil.

Ein deutsch blickender Hirsch des „Führers" erbrachte vor drei Jahren wenigstens 32.000 Euro, aber hier hatte der Marktwert auch mehr Zeit zur Reifung. Zudem verweisen Analysten auf die schon erwähnte, kürzlich für 6700 Dollar versteigerte Hitler-Unterhose. In diesem mehr Performance-orientierten Segment könnten nach Expertenmeinung auch die Chancen des Multitalents Trump liegen.

Ehre für Erdoğan

Hand aufs Herz: Trump ist nur der Leuchtturm, nicht der Urheber des neuen politischen Stils, den man (ein folgenschwerer Irrtum) schon mit Kaiser Nero ausgestorben wähnte. Die Kollegen in Ungarn und Polen, zuletzt auch in Italien, setzen seit Längerem wegweisende Aktionen. Und auch in der Türkei weht die Flagge der Freiheit auf Halbmond.

Täglich festigt der türkische Präsident Erdoğan seinen Ruf als internationale Lichtgestalt. Seine Minister pflegen als beharrliche Friedenspolitiker die Besuchsdiplomatie Modell „Attila der Hunne", also auch gegen den Widerstand der Besuchten. Der Präsident selbst allerdings, ein unbeirrbarer Pfadtrampler des postdemokratischen Europas, macht sich auswärts rar. Wenn auch nicht immer freiwillig. Denn gern hätte er auch die Auslandstürken in den Niederlanden, in Belgien, Deutschland oder Österreich ersucht, „mich mit einer Rekordzahl an Stimmen in der Präsidentenwahl zu unterstützen". Also „eine Entscheidung für das nächste Jahrhundert unseres Landes" zu treffen (woraus wir auch das großzügige Zeitbudget seiner persönlichen Lebens- und Karriereplanung errechnen können).

Allerdings hatte man ihm in den genannten Staaten die Ausrichtung von Informationsveranstaltungen für die türkischen Präsidentschafts- und Parlamentswahlen (der Unterschied verschleift sich zusehends) untersagt. Deshalb fielen die obgenannten Worte vor 20.000 oft von weiter her angereisten Bewunderern im Olympiastadion von Sarajevo. Unter ihnen jubelten auch 1300 österreichische Auslandstürken, wobei wir die Ortswahl als zarten Hinweis auf die Folgen weiterer Insubordinationsdelikte verstehen sollten.

Vorläufig verharren die Strategien noch im halbmilitarisierten Bereich: „Seid ihr bereit, den Terrororganisationen und ihren lokalen und ausländischen Handlangern eine osmanische Ohrfeige zu verpassen? Gebt von Deutschland, Belgien, Österreich, den Niederlanden aus eine Antwort, die überall in Europa gehört werden kann. Nehmt unbedingt die Staatsangehörigkeit der Länder an, in denen ihr lebt. Ich bitte euch, dass ihr eine aktive Rolle in den politischen Parteien in den Ländern übernehmt, in denen ihr lebt. Ihr solltet ein Teil dieser Parlamente sein, nicht diejenigen, die ihr Land verraten."

Der Gastgeber, der frühere bosnische Präsident Izetbegović, fand dann vollends zum Punkt: „Gott hat den Bosniaken Alija Izetbegović geschickt und den Türken Erdoğan." Dafür – und für Erdoğans überzeugenden Wahlsieg – kann man dem Schöpfer nur von Herzen danken.

*

Denken wir nur an Erdoğans zukunftsweisende Medienpolitik, die seitens der FPÖ im Umgang mit dem ORF schon gelehrige Vertreter findet. Speziell am Beispiel des deutschen Satirikers

Jan Böhmermann hat der Präsident seine einschlägigen Visionen nochmals zum Funkeln gebracht: Über seinen Antrag wurde in Deutschland ein Gedicht verboten, in dem es um angebliche präsidiale Intimkontakte zu einer Ziege geht. Da kann ich dem Präsidenten nur zustimmen: Die sexuelle Orientierung, auch eines Staatsoberhaupts, ist Privatsache, vorausgesetzt, die Ziege/der Ziegenbock handelt selbstbestimmt. Trifft dies nicht zu, ist der Tierschutzverein – aber sicher kein Satiriker – einzuschalten. Anderenfalls darf einer Ehe bzw. einer eingetragenen Partnerschaft nichts im Weg stehen.

Besonders zu begrüßen ist die von Erdoğan angebahnte Beruhigung des universitären Diskurses, und zwar nicht nur durch Eliminierung ruhestörender akademischer Elemente: Darwins Theorien werden aus den Lehrplänen eliminiert, konkret die Frage, ob Allah den Menschen im Direktverfahren hergestellt oder einen Primaten zwischengeschaltet hat (erfahrungsgemäß ist das von Fall zu Fall verschieden, wobei ich Erdoğan betreffend meine eigene Theorie habe, der ich aus medienrechtlichen Gründen nicht nahetreten will).

Damit könnte gleich auch eine andere leidige Debatte aus der Welt geschafft werden – nämlich, ob sich die Erde um die Sonne dreht oder umgekehrt: Beide drehen sich um Erdoğan.

Nichts aber konnte mich ähnlich überzeugen wie der präsidiale Umgang mit den neuen Medien: 15 Sekunden Erdoğan gratis und unplugged, wann immer ein Türke sein Handy in Betrieb nimmt, schaffen Reichweite, allseitiges Wohlbefinden und menschliche Nähe. Pizza austragen ist dagegen Steinzeitmarketing.

Ehret die Frauen!

Zum Pinguintag.
Frauenfragen, kurz beantwortet

Der Weltfrauentag 2018 will mir nicht aus dem Kopf: Ich stehe immer noch unter Schock, seit ich hilflos zusehen musste, wie die damals amtierende Wiener Vizebürgermeisterin Renate Brauner mit einer Informationsbroschüre plus roter Nelke auf meine Frau eindrang (auf offener Pilgrambrücke und mit dem medienbekannten Lächeln, das schon Beherzteren als mir das Mark gefrieren ließ). Spätestens seit damals quält mich die körperlich erfahrene Gewissheit, dass es mit der Sicherheit auf unseren Straßen auch nicht mehr ist, wie es einmal war.

Überhaupt zweifle ich, dass solch ein artenspezifischer Würdigungstermin neben dem Tag der Jogginghose (21. 1.), dem Tag des Schneemanns (18. 1.), dem Weltpinguintag (25. 4.) oder dem Internationalen Kiffertag (auffallend: am 20. 4., offenbar ein machtvolles anarchistisches Gegensignal zum „Führer"-Geburtstag) tatsächlich seinen Zweck erfüllt: Ich kenne Frauen, die sich nur ungern in einer Exotenliga mit Kiffern und Pinguinen sehen.

In Amerika wiederum wurde kürzlich eine Ex-Mitarbeiterin Michelle Obamas engagiert, um einen verbindlichen Frauenanteil bei Grammy-Vergaben sicherzustellen. Jetzt frage ich mich, ob damit nicht sämtliche Trägerinnen des begehrten Musikpreises zu Quotenpinguinen degradiert werden. Beim Deutschen Bundesgerichtshof in Karlsruhe schließlich wurde zum wiederholten Male die saarländische Aktiv-Seniorin Marlies Krämer, 80, abgewiesen, diesmal mit der Forderung nach gegenderten Behördenformularen. Zuvor schon hatte ihre Unterschriftenaktion für die weibliche Benennung von Wetterhochs nicht die verdiente Aufmerksamkeit erfahren.

*

Der Weg zum generalvertrottelten Globus ist also noch lang und dornig. Signale der Hoffnung allerdings kommen – wie auch in der Bildungsdebatte – aus Skandinavien: In Schweden muss künftig vor jedem Geschlechtsakt – auch dem ehelichen – die mündliche Genehmigung beider Beteiligter eingeholt werden. Bloßes Schweigen genügt nicht als Zeichen der Zustimmung. Ich persönlich kann da kein Hindernis erblicken: Da ich (bei allem Respekt) nie ein Verhältnis mit dem Maria-Theresien-Denkmal ins Auge gefasst habe, war mir dieser Ablauf stets selbstverständlich.

Auch nötige Schärfungen des Gesetzestextes sollten keine Probleme aufwerfen: Bei einer allfällig höheren Zahl an Teilnehmern muss vor dem Vollzug nur ein Symposion einberufen werden. Für den Fall multikultureller Aktivitäten wird die Anforderung eines gerichtlich zertifizierten Dolmetschs empfohlen, wodurch auch der Vorgang selbst wertvolle Belebung erfahren könnte.

Komplizierter scheint die Beweiserbringung, doch auch die sollte bei seriöser Abwicklung möglich sein: Die den Actus in Erwägung ziehenden Parteien unterfertigen nur rechtzeitig, unter notarieller Aufsicht und im Beisein zweier Zeugen, ein amtliches Formular (der ausgefüllte Fragebogen zur Regelung der Details ist mitzubringen). Im amtlich nicht empfohlenen Fall des Spontanvollzugs hilft die nachträgliche notarielle Notverfügung, unter Laien auch „Wille danach" genannt. Der Handel mit Blankoformularen wird strafverfolgt. Bei nachgewiesenem Vertraulichkeitsbedarf, etwa im Fall außerehelicher Aktivitäten, kann die Auslagerung des Amtsvorganges auf das Bikini-Atoll beantragt werden.

Der schwedische Gesetzesentwurf stellt zudem „unmissverständliche körpersprachliche Einladungssignale" dem mündlichen Einverständnis gleich. Hier empfiehlt sich die digitale Aufzeichnung, noch besser: die Direktübertragung per Skype an den Advokaten Ihres Vertrauens – im Nebeneffekt eine begrüßenswerte Belebung des Homeporno-Marktes.

Und jetzt wieder meine beliebte Zusammenfassung für alle, die es mit der Ironie nicht so haben: Gewaltprävention ist Menschenpflicht. Sie auf dem Behördenweg dem Spott preiszugeben: Das ist Pornografie.

*

Wie mancher Große blieb auch der im Amt jung verglühte SPÖ-Bundesgeschäftsführer Georg Niedermühlbichler (2016–2017) unbedankt. Mit umso größerem Bedauern bekenne ich mich zu einer gewissen emotionalen Kälte, ja Gefühlsrohheit, mit der ich dem Frühvergessenen während seiner Blütemonate begegnet bin. Schlichter formuliert: Der Mann war mir wurscht. Einmal aber hat er mir Anteilnahme abgerungen: Weil er die um sich greifenden politischen Ambitionen amtierender und ehemaliger Missen infrage gestellt hatte, entlud sich gegen ihn ein parteienübergreifender Shitstorm. „Bleibt zuletzt die Frage, welche politischen Konzepte eine Miss Burgenland, eine Ex-Miss-Austria und eine Weinkönigin einbringen können", hatte Niedermühlbichler die tendenziell libidinöse Listenerstellung der ÖVP per Aussendung hinterfragt. „Das sind Gedanken und eine Wortwahl wie aus einer anderen Zeit", zeterten da selbst die eigenen Genossinnen via Facebook.

Freilich kann auch ich – ein über Jahrzehnte erfolgreich praktizierender Feminist – in der Regierungspraxis einer Schönheitskönigin (und währte sie auch länger und erfolgreicher als die der Queen) keinen Nachweis politischer Qualifikation erblicken. Auch Verdienste als Ballmonarchin beeindrucken mich nur eingeschränkt, wie das Beispiel der tragisch auf der Hinterbank verstummten ÖVP-Kultursprecherin Maria Großbauer belegt.

Nämliches gilt allerdings auch für Faschingsprinzen, Küsser- und Schützenkönige. Und wäre es Sebastian Kurz eingefallen, den Sieger der Königspudelklasse auf der Tullner Kleintiermesse von Pink auf Türkis umzufärben und auf der Bundesliste zu platzieren – so hätte mich der gesamte Tierschutzverein nicht daran gehindert, vorsichtige Vorbehalte anzumelden.

Im Protest gegen Niedermühlbichler gab übrigens auch die Sexualtherapeutin Rotraud Perner ihren Parteiaustritt bekannt. Das war freilich ein Schlag, denn beim Zustand der SPÖ musste jeder abhandengekommene Psychiater eine empfindliche Lücke reißen. Andererseits muss sich die erfahrene Paartherapeutin doch die Frage gefallen lassen, weshalb sie sich nicht zeitgerecht um die Beziehungssymptome der rot-schwarzen Sadomaso-Koalition gekümmert hat.

*

Noch zwei weitere Meldungen zeugen vom langsamen, aber beharrlichen Fortschreiten des Langzeitprojekts „Vertrottelung des Erdballs": Die amerikanische Schauspielergewerkschaft fordert das Verbot beruflicher Verabredungen in Hotelzimmern, da diese „risikobehaftet" seien. Und eine Studie der Universität Cambridge warnt vor selbst geringen Mengen Alkohol: Wein sei „so schädlich wie Tabak". Ich habe es geahnt: Es geht wieder los.

Das nächste Volksbegehren kann da nur eine Frage der Zeit sein: Der erste Schritt zur alkoholfreien Gastronomie betrifft elektronisch gesicherte Säuferzimmer. Beim Kontakt mit dem Servierpersonal und beim Queren des geräumigen Abstinenzlerbereichs wird Atemverbot verhängt (die historische Geburtsstunde des Mitatmerschutzes). Gleich nebenan liegen, weil man schon dabei ist, die Isolationszellen für Zucker- und Cholesterin-Junkies. „Du Glutentoleranzler" wird zum Schimpfwort des Jahres gewählt.

Nach Schleifung der #MeToo-technisch risikobehafteten Beherbergungsbetriebe sind auch Waldlichtungen, Haustore und Parkbänke (und wo sonst wir im Korrektheitspaläozoikum unseren Trieben stattgegeben haben) zu vermauern. Die größte Risikozone für unkorrekte Annäherungen ist aber nach wie vor der Haushalt. Deshalb wird man mittelfristig zur elektronisch überwachten Einzelzelle und zur behördlich zugewiesenen Ersatznahrung übergehen, dosiert nach dem Body-Mass-Index.

Ich wollte mich mit der Nummer beim Weltparanoikerkongress bewerben, wurde mangels Realitätsferne abgewiesen.

Weniger Licht!

Licht ins Dinkel.
Unsere Umwelt aus dem Blickwinkel der Korrektheit

An einem für den Fortbestand der Menschheit möglicherweise entscheidenden Tag im Februar 2017 forderten Sternwartedirektor Wuchterl und sein Freund Köberl vom Naturhistorischen Museum, beide in Wien, die amtliche Abschaltung der Schaufensterbeleuchtungen ab 23 Uhr. Die per umweltfreundlichem Hubschrauber getätigten Messungen hatten Alarmierendes ergeben: Von Vogelflucht und Lichtsmog abgesehen, könne man ja bei anhaltender Illuminierung „den Sternenhimmel nicht mehr betrachten".

Ein anderer großer Poet soll mit den Worten „Mehr Licht!" die Augen geschlossen haben. Jetzt öffnet uns das Humor-Duo Wuchterl & Köberl die Äugerl: „Weniger Licht!" Pedanten könnten nun zwar einwenden, jeder dürfe sein Eigentum nach seinem eigenen Belieben illuminieren, was sich speziell bei der Abschreckung von Einbrechern bewährt habe. Auch nimmt meine halbwüchsige Tochter den nächtlichen Heimweg gern über erleuchtete Gehsteige am lichtflutenden Billa vorbei; und weit weniger gern im undurchdringlichen Dunkel der Straßenschluchten des sechsten Wiener Gemeindebezirks.

Was aber ist das gegen die Vorzüge? Schon bejubeln neben Einbrechern auch Romantiker den Vorstoß, speziell das Aufleben mehr oder weniger lang versunkener Berufe im Gefolge der schon seinerzeit bewährten Verdunkelungsmaßnahmen: Der Umweltblockwart dreht wie damals seine Runden, während wir, den Sternenhimmel betrachtend, den Rufen des Korrektheitsnachtwächters lauschen: „MitbürgerInnen, lasst euch sagen, / für die Polkappen hat's 5 vor 12 geschlagen! / Bewahrt euch vor Gluten und tierischem Ei / sowie vor dem Ausstoß von CO_2!"

Die Wiedererrichtung der Stadtmauern samt Schleifung der Bezirke 2 bis 23 und die Auswildung von Bären und Wölfen auf dem Karlsplatz sind dann der Neigungsgruppe Wuchterl-Köberl anzuvertrauen.

*

Vergegenwärtigen Sie sich mein Entsetzen, als ich in einer aktualisierten Liste der „zehn teuersten Marken der Welt" Coca-Cola nicht mehr finden konnte. Der Abstieg des jahrzehntelang unbedrängten Markenprimus begann 2012. Das war die Zeit, zu der die Korrektheits-Ayatollahs nach Rauchern und Frauenverstehern auch die Speckgürtelträger zu verteufeln begannen. Erst im letzten Moment wurde zum Beispiel in der Vielvölkerstadt New York ein Gesetzesentwurf gegen das Dickwerden abgewiesen, der den Verkauf von Einliterbechern Cola unter Strafe gestellt hätte.

So darf man mir nicht kommen. Niemand, der nicht dabei war, kann sich eine Vorstellung von der Sensation der signalroten Coca-Cola-Schilder auf den grauen, schäbigen Wirtshauswänden der Fünfzigerjahre machen. Ermutigungen gegen die kilometerlange Depression nachkriegszeitlich blessierter Straßenzüge waren das, Signale des Optimismus und der Weltläufigkeit, kurz: der Marshallplan für die Seelen. Ich war, noch als Passagier im Kinderwagen, dabei. „Coca-Cola" war vermutlich das erste Wort, das ich identifizieren konnte. Deshalb fordere ich die Aufnahme von Produkt und Marke ins Weltkulturerbe.

Abgesehen davon folge ich der Argumentation des großen Schriftstellers Thomas Glavinic, der den folgenden unsterblichen Satz formulierte: „Wann i blad wern will, hindert mi ka Grüner dran." Womit ich mit neuer Überzeugung in den Kampfruf der Frauenbewegung der Siebzigerjahre einstimme: Mein Bauch gehört mir!

Zunehmend erzürnt beobachte ich deshalb auch die anderen Kampagnen der „Europäischen Behörde für Lebensmittelsicherheit" (EFSA): Nach einem Angriff auf die artengeschützten Gummibären wegen Gelatine-Verdachts wurde kürzlich das Volksnahrungsmittel Nutella unter Palmöl-Alarm gestellt. Damit haben die EUatollahs allerdings die Generation Vier plus mobilisiert, und diesem Gegner wäre nicht einmal das Pentagon gewachsen. Womit sich der Unfug per innerfamiliärer Befehls-kette zeitnah erledigen wird.

Bis es so weit ist, verfolge ich gespannt die Aktivitäten ei-nes Bestsellerautors aus dem alternativmedizinischen Bereich (nicht genannt soll er sein): Der Doktor warnt vor Milch, da der Mensch ja keine Kuh und nur durch Muttermilch artgerecht zu ernähren sei. Das wäre etwas für die EFSA! Leider dürfte das Projekt „Amme für jede(n) EU-BürgerIn" an der mangelnden Genderbarkeit des Wortes „Amme" scheitern (Anm.: „Ammer" ist ein Synonym für „Amsel" und gleichfalls weiblich).

PS: Die Liste der teuersten Marken führen jetzt Apple und Google an, deren Risiken und Nebenwirkungen sich mit denen von Coca-Cola mühelos vergleichen können.

*

Dabei ist Coca-Cola noch in privilegierter Position, verglichen mit den Existenzsorgen der Tabakindustrie. In diesem Zusammenhang ist vor allem der Familienministerin Sophie Karmasin zu gedenken, die seit ihrem Amtsantritt Ende 2013 bis zum Ende der rot-schwar-zen Sado-Maso-Fetischparty zahllose Um-, aber auch Unbildungs-debatten überlebte. Diese amtliche Personalunion aus Licht und Scheffel verbuchte endlich einen Erfolg, der unabsehbare Folgen nach sich zog: Das Rauchen ist bei uns jetzt nicht mehr ab dem 16., sondern erst ab dem 18. Lebensjahr gestattet.

Nun habe ich mir zwar während der Volksschulferien im Oberösterreichischen den einen oder anderen Lianenzweig an-geheizt, wenig später aber alle Maßnahmen der Selbstselchung eingestellt. Ich genüge damit einer schon in vierter Generation wirksamen Familientradition: Auch meine ältere Tochter be-kennt sich zur Minderheit nichtrauchender Teenager. Ihr das Rauchen verbieten zu wollen, wäre mir aber nie eingefallen. Wer nämlich wahlberechtigte Sechzehnjährige (über deren Wahlberechtigung ich übrigens meine eigene Meinung pflege) wie Entmündigte behandelt, bewirkt nur eines: die Absenkung des faktischen Inhalationsantrittsalters von (realistisch) 14 auf 12 Jahre. Das ist es, was ich der Korrektheits-Stasi in ihrem Re-gulierungswahn zu kommunizieren versuche. Und jetzt schleiche ich auf eine Nase nikotinwürzigen Wirtshausduftes in die letzte Mariahilfer Widerstandszelle.

*

Erinnern Sie sich noch an die schreckliche Zeit vor der gesetzlichen Allergen-Kennzeichnung? Kein Tag verging, ohne dass in einem Wirtshaus ein Allergiker vom Typ A bis N röchelnd vom Sessel fiel. Das Schlimmste aber war das Klebereiweiß, bekannt als Gluten, genannt: der blonde Tod. Zehntausende erlagen dem Wüten der Handsemmel und des Milchdreiers, und als die Friedhöfe zu klein wurden, warf man die Opfer wie zur Pestzeit in so genannte Glutengruben. Bis die EU-Kommission die Welt auf dem Verordnungsweg rettete, wie zuvor schon im Fall der epidemischen Bananenkrümmung.

Das Beunruhigende an der Geschichte ist, dass ich sie vorsichtshalber mit dem schwachsinnigen Vermerk „Ironie on“ hätte versehen sollen. Sie könnte sonst ernst genommen werden, denn zwischen Satire und Realität herrscht freier Grenzverkehr bis zur Stratosphäre und darüber hinaus. Selbst die vatikanische „Kongregation für die Sakramente“ musste kürzlich auf zahlreiche Kundenreklamationen reagieren. Der geforderte Umstieg von Weizen auf Bio-Dinkel wurde allerdings ausgeschlossen. Weil das vor 2000 Jahren einer unter dem Nickname „Matthäus 26“ so festgelegt hat, blieben die Gottesmänner standhaft bis an den Rand des Martyriums: Hostien müssten „einen minimalen Anteil an Gluten enthalten, damit sie an Gläubige verteilt werden können“.

Freilich müsste man den Leib des Herrn gleich zentnerweise konsumieren, um davon auch nur theoretisch Schaden zu nehmen – wobei die Probleme in diesem Fall eher psychiatrischer Natur und entsprechend zu therapieren wären. Die Inanspruchnahme einschlägiger Hilfe wird übrigens auch der österreichischen Behörde empfohlen: Wie sich ein Jahr nach Inkrafttreten herausstellte, wurde die von der EU erlassene Lebensmittelinformationsverordnung freiwillig übererfüllt. Die Frage nach dem Motiv könnte eventuell der vatikanische Chef-Exorzist Padre Francesco Bamonte beantworten. Damit endlich Licht ins Dinkel käme.

Einmal um die ganze Welt

Alloh, Kürz! Zum Projekt „Vertrottelung des Erdballs"

Dieses Kapitel führt in das grenzenlose und unausmessbare Reich des menschlichen Blödsinns. Es erstreckt sich vom Vatikan zum Parliament Hill in Ottawa, dem Amtssitz der kanadischen Regierung, vom Heldenplatz in Wien auf den Rathausturm des hessischen Kreisstädtchens Limburg an der Lahn und immer wieder in die USA, wohin sonst. Überall tun Aktivisten das Ihre, um das Langzeitprojekt „Vertrottelung des Erdballs" ans Ziel zu bringen. Und, siehe da, es winkt schon in Blickdistanz.

Überraschend beanspruchte zuletzt Kanada die Themenführerschaft: Um Angehörige des „dritten Geschlechts" nicht länger zu diskriminieren, sollen dort die Anreden „Monsieur" und „Madame" aus dem Amtsverkehr verschwinden. Künftig ist das Subjekt mit nacktem Namen anzusprechen und dann zu fragen, wie es genannt zu werden wünscht. Die Begriffe „Vater" und „Mutter" sind durch „Elternteil" zu ersetzen.

Nun wieder turnusmäßig für alle, die es mit der Ironie nicht so haben: Ich gönne jedem seine Verwirklichung, habe auch nichts gegen die geforderte Novelle des österreichischen Passgesetzes. Wen es drängt, seine Intimitäten vor Parksheriffs und Hotelportieren auszubreiten, der soll mit seinem X (statt M oder F) im Ausweis so glücklich werden wie die Hersteller von Drucksorten im Angesicht der anrollenden Auftragslawine. Aber: Man verschone die Öffentlichkeit mit exhibitionistischen Eskapaden.

Andererseits ist die Entwicklung ohnehin nicht aufzuhalten, seit sich sogar der Heilige Elternteil im Vatikan korrektheitstechnisch am Elternteilunser versucht hat. An die Umstellung wird man sich gewöhnen, wenn z. B. der kanadische Protokollchef unseren Kanzler beim Staatsbesuch beiseite nimmt: „Alloh, Kürz! Mösjöh uh Madam?" (Nur was passiert, wenn er das mit

Trümp probiert, will ich mir nicht ausmalen.) Der Rest ist Logistik: Selbst die schwer belastete Geigerin Anne-Sophie Elternteil, geborene Mutter!, kann sich mittels einfacher Namensadaption von der kanadischen Watchlist freikaufen.

*

Klar, dass die USA da vertrottelungstechnologischen Nachrüstungsbedarf erkannten, schließlich hat man diesbezüglich einiges zu verlieren. Man überprüfte – „America First!" – die Arsenale und setzte beherzt bei der Unterhaltungsindustrie an. Da werden unsere Kinder zwar digital mit allen Scheußlichkeiten dieser Erde bemustert, Cybermobbing samt verlinkten Anleitungen zu Mord und Selbstmord inbegriffen. Aber die US-Gesundheitsbehörde will das Rauchen in Filmen verbieten, um die Jugend vor verderblicher Nachatmung prominenter Lungenzüge zu schützen. Deshalb zählen jetzt amtliche Kontrollorgane im Kino die Tabakzugriffe, und eine begleitende Studie enthüllt Unaussprechliches: Daniel Craig hat im jüngsten „Bond" nicht nur geraucht, sondern sogar Alkohol zu sich genommen!

Schon jetzt steht in amerikanischen Filmen der Gebrauch unanständiger Worte unter strengen Auflagen. Als logischer nächster Schritt wären sämtliche gesetzeswidrigen Handlungen in Kriminalfilmen zu unterbinden, was freilich logistische Probleme aufwerfen könnte. Ein Anfang wäre eventuell die Beachtung von Tempobegrenzungen im Ortsgebiet bei Autoverfolgungsjagden. In weiterer Folge ist der Gebrauch von Feuerwaffen auf Mitglieder der beliebten National Rifle Association zu beschränken.

Worauf ich aber mit Begier warte, ist das flächendeckende Nachsynchronisieren im Sinne der Gender-Korrektheit: „Der Pate/Die Godel" oder „Der Marshal/Die Parkpolitesse" (beziehungsweise für Opernfreunde: „Die Marschallin") werden Klassiker wieder zum Funkeln bringen.

*

Hier bleibt also noch viel Arbeit, während der Durchbruch auf anderem Gebiet unverhofft nahe ist. Die Meldung erreicht mich aus Atlantic City, New Jersey: Die von dort aus organisierte Miss-America-Wahl soll #MeToo-fit werden! Verantwortlich für das richtungweisende Projekt ist Gretchen Carlson, Miss America 1988, daraufhin jahrelang für Donald Trumps rührigstes Organ aktiv („Fox News", was dachten Sie denn?) und jetzt CEO der Miss America Organization. Unter dem Titel „Miss America 2.0" wird als Erstmaßnahme der Bikini-Durchgang abgeschafft: Es komme „auf die Talente der Bewerberinnen" an.

Das klingt nach einer harten Herausforderung, vergleichbar dem Aufbau von Weinseminaren für den Arbeiterabstinenzlerbund oder der Tilgung brauner Flecken innerhalb der FPÖ unter Vermeidung der Parteiauflösung. Deshalb habe ich mich unterstützend mit einem Vorschlagspaket an die Veranstalterorganisation in Atlantic City gewandt. Mir schwebt eine Kreuzung aus Dschihad und Haushaltungsschule vor.

Als Erstmaßnahme gegen Geschlechterdiskriminierung werden zur Wahl ausschließlich Transgender zugelassen. Durchgang eins erfolgt in der Burka, damit keine Äußerlichkeiten von den intellektuell herausfordernden Aufgaben ablenken. Zum Beispiel die Literaturfrage, verpflichtend zum präsidialen Œuvre: „Finden Sie im folgenden Tweet die alternativen Fakten, insbesondere Orthografie und Interpunktion betreffend. Sie haben zwei Stunden Zeit."

Dann wird es pikant: Die Burka fällt, die Herren Teilnehmerinnen tragen figurneutrale Overalls mit Conchita-Bart und verrichten zwanglos Tätigkeiten, die den Talenten von Missen entgegenkommen, zum Beispiel Telefonieren oder Shoppen. Zur Vergabe gelangt der Titel #MissToo.

*

Österreich hat da den Anschluss nie verloren. So erhob im internationalen Narrenkonzert schon zu Jahresbeginn 2017 der damals amtierende Kulturminister Thomas Drozda (SPÖ) die Stimme zum Solo. Alsbald stimmte auch der Wiener Kulturstadtrat Andreas Mailath-Pokorny im Schusterbass ein: Im Zwielichte seiner düsteren Geschichte möge der Heldenplatz umbenannt werden. Ich habe sofort die Themenführerschaft

übernommen und die Umbenennung auf „Rosaroter Platz" angeregt: So wie in Moskau der ausgestopfte Lenin wäre hier der
leicht ausgebleichte Geist des Roten Wien zu besichtigen gewesen, auf ein Fahrrad geschnallt und in ein Mausoleum von der
Anmut und Größe des beabsichtigten Zubaus zur Karlskirche
geparkt. Die Reiterstandbilder der Kriegshetzer Erzherzog Karl
(er bezwang den Friedensfürsten Napoleon in der Schlacht bei
Aspern) und Prinz Eugen (der keines Kommentars würdige
Türkenfresser) wollte ich stürzen. Als Ersatz hatte ich eine Mo-
numentalskulptur der intellektuellen Doppelspitze Mailath-Pokorny (Wien) und Drozda (Bund) vorgesehen: als Don Quijote
und Sancho Pansa, zu Ross bzw. Esel.

Wie der „Wiener Dudler", das „Heilwissen der PinzgauerIn-
nen" und das „Aperschnalzen im historischen Rupertiwinkel"
wären zudem auch Drozda und Mailath-Pokorny in die Liste
des immateriellen Weltkulturerbes aufzunehmen gewesen – weniger als Personen denn als Symbole beamteter österreichischer
Kreativität.

In weiterer Folge empfahl ich eine Umbenennungswelle:
Transgendergasse statt Herrengasse, Bodenhaltungs-Boulevard
statt Fleischmarkt; KärntnerInnenstraße und Biokohl-Markt
drängten sich ebenso auf wie die Verwandlung des Schwar-
zenbergplatzes in Czernohorszky-Platz: Mittels zwangloser
Übersetzung ins Tschechische wäre hier der gleichnamige Wiener Bildungsstadtrat geehrt worden. Ein nächster Schritt hätte
dann der Würdigung Mailath-Pokornys gegolten: per Umbenennung der Staatsoper in „Mailather Scala".

*

Dass diese Debatte alsbald verklang, nehme ich als Niederla-
ge persönlich. Umso gellender schlug dafür der menschlichen
Vernunft im hessischen Städtchen Limburg an der Lahn die
Stunde: Auf dem Rathausturm wurde ein Glockenspiel außer
Betrieb genommen, weil sich eine vegan bewegte Kommunal-
beamtin von der Melodie des Kinderliedes „Fuchs, du hast die
Gans gestohlen" emotional bedrängt fühlte. Daraufhin forderte
die Organisation PETA das Verbot des Liedes und zusätzlich des

Märchens vom Rotkäppchen – beide Male wegen Aufrufs zur Gewalt gegen RaubsäugerInnen.

Nicht minder verwerflich, so gab ich daraufhin zu bedenken, sei die Schlusswendung des Liedes, die dem Fuchs zwecks Resozialisierung den Konsum von Mäusen nahelegt (korrekt wären Bio-Dinkelkekse). Unschlüssig hingegen blieb ich hinsichtlich der Genderungsproblematik: Korrekt wäre „Füchsin/Fuchs, du hast die Gans/den Ganter gestohlen". Doch wird andererseits in der seit 150 Jahren tradierten Fassung pädagogisch verdienstvoll auf die gender-determinierte Täter-Opfer-Struktur (*der* Fuchs/ *die* Gans) verwiesen. Davon sollte man nicht leichtfertig abrücken.

An dieser Stelle allerdings verschlägt mir der aufsteigende Groll die Ironie: In Leipzig wollten sie den Richard-Wagner-Platz in „Refugees-Welcome-Platz" umbenennen, weil der Meister 1850 einen hässlichen antisemitischen Aufsatz geschrieben hat. Dem großen Biologen Konrad Lorenz, Nobelpreisträger für Medizin des Jahres 1973, wurde wegen seiner Verpflichtungen im Nazi-Reich posthum die Ehrendoktorwürde der Universität Salzburg aberkannt. Und in Wien wäre fast das Denkmal für den genialen Lyriker Josef Weinheber geschleift worden, der sich dem Ungeist andiente und 1945 Selbstmord beging. Diesfalls verweise ich auf den neonazistischer Umtriebe unverdächtigen Kritiker Marcel Reich-Ranicki, einen Überlebenden des Warschauer Ghettos, der mich im Verlauf einer entsprechenden Debatte scharf zurechtwies: „Was wollen Sie? Der Mann hat sich umgebracht, mehr kann man wirklich nicht verlangen."

Genies sind nur selten edle Menschen und speziell große Kunstwerke nie korrekt: Am Ende der Säuberungsmaßnahmen wären Eva Glawischnig und Maria Rauch-Kallat als Bearbeiterinnen der Bundeshymne die letzten Überlebenden der Literaturgeschichte. Es wäre den Versuch wert, den Damen auch „Fuchs, du hast die Gans gestohlen" zu überantworten.

Und dann war alles zu spät, denn die vegan bewegte Rathausmitarbeiterin in Limburg zog ihre Eingabe nach Morddrohungen zurück. Die Tierschutzorganisation PETA forderte indes unbeirrt das Verbot wenigstens des Märchens vom Rotkäppchen. Und wieder wurde ich mit einem Vorschlagskatalog aktiv.

„Rotkäppchen" ist pädagogisch neu zu formulieren: Eine PETA-Aktivistin und ein befreundeter Wolf aus dem Artenschutzprogramm tranchieren einen Jäger, füllen ihn mit Wackersteinen ab und ersäufen ihn im Brunnen. „Ein Männlein steht im Walde" wird per Verordnung „Ein Transgender steht im Regenwalde" gesungen. Schillers Tragödie „Die Räuber" heißt künftig „Die RäuberInnen". Die dort aktiven SchinderInnen und MeuchelmörderInnen schinden und meucheln nach einer 60-prozentigen Frauenquote. Von Raimund wird „Der Biobauer/die Biobäuerin als MillionärIn" als Thesenstück gegen die kapitalistische Unterwanderung der Öko-Bewegung gespielt.

*

Der Weg ist noch weit, doch das Bewusstsein ist geweckt, und machtvolle Unterstützung kommt von den Britischen Inseln, diesfalls aus der grünen Grafschaft Northumberland an der Grenze zu Schottland. Dort wirkte lang unerkannt eine gewisse Sarah Hall, die in der Geschichte des Kabaretts einst ähnlichen Rang einnehmen wird wie der ehemalige Politiker und nunmehrige Delinquent Walter Meischberger mit dem unsterblichen „Wo woar mei Leistung?": Beide verwandeln schwerelos in Satire, woran sich Profis im Schweiße ihrer Angesichter abarbeiten. Wo war nun Mrs Halls Leistung? Die Mutter eines sechsjährigen Volksschülers forderte, das Märchen vom Dornröschen aus den Lehrplänen zu nehmen, weil die komatöse Titelhoheit vom Prinzen ohne vorherige Rückfrage wachgeküsst wird. Die #Me-Too-Bewegung hatte damit die Notfall-, Erstversorgungs- und Intensivmedizin eingeholt: Den schamlosen Herzmassierern, Mund-zu-Mund-Beatmern und Defibrillierern vergeht jetzt wohl das Lachen.

*

Insgesamt musste ich etwa um diese Zeit schmerzhaft zur Kenntnis nehmen, wie die Konkurrenz härter wurde. Zum Beispiel war ich seit Einführung meiner Kolumne an Genderungskonzepten für die Bibel verzweifelt. Da erfuhr ich, dass Professionisten die Arbeit schon erledigt hatten: In der oberösterreichischen Familienbibel wurden „Brüder" zu „Brüdern und Schwestern", und der Vatergott Jehova ist ganz getilgt. Hier darf jetzt nicht lockergelassen werden: Gott Jehova ist nach Conchita-Vorbild durch einen Transgender mit Populärnamen – ich empfehle Jennifer oder Jacqueline – zu ersetzen (eine koschere Wurst, sozusagen). Die alters- und geschlechterdiskriminierende Titulatur „Jünger" ist zu überdenken. Und was die korrektheitstechnisch indiskutable Erschaffung Evas aus Adams Biomasse betrifft, darf es nicht beim Rippenbekenntnis bleiben.

*

Ich vertiefte mich mit Gottes Hilfe in das Thema, und schon zum Weihnachtsfest nahmen meine Aktivitäten Gestalt an: Ich reichte beim Heiligen Stuhl einen unauffälligen, aber liturgisch bahnbrechenden Reformvorschlag zu Lukas 2, 1–20, ein, warte allerdings bis heute auf Bescheid.

Die Wiener Grätzel-Aktivistin Maria plant mit dem Transgender Jennifer und dem Öko-Tischler Josef ein Patchwork-Modell. Die Zeugung erfolgt reproduktiv: Jennifer spendet, Josef unterschreibt die Vaterschaftserklärung. Auf dem Weg zum grünen Bezirkskongress setzen unerwartet die Wehen ein. Die Niederkunft erfolgt in einer Ganztagskinderkrippe, die auf Druck von Ochsen und Eseln den Nikolo weggewiesen hat. Die MitarbeiterInnen einer Öko-Schaffarm bei Großenzersdorf überreichen Bio-Produkte. Auch drei, ursprünglich vier Bezirksräte werden in Begleitung des Grätzel-TVs und der Bezirkszeitung vorstellig (der blaue, der dem Säugling ein Plastikmaschinengewehr mitbringen wollte, wurde abgewiesen).

Auch die Gaben habe ich behutsam aktualisiert: Statt Gold werden im Auftrag des türkisen Konkurrenzmessias 1500 Euro Kinderbonus überreicht. Noch mehr Freude bereitet das grüne Cannabis-Set. Der SP-Mandatar ist an der Schreibung des Wortes „Myrrhe" gescheitert und bringt einen Pizzagutschein, einlösbar beim Bundesvorsitzenden.

*

Derart zukunftsfit, können wir selbst einer auf den ersten Blick irritierenden Initiative aus der idyllischen Bretagne mit Ruhe begegnen: Die Verwaltung des 9571-Einwohner-Städtchens (Stand: 1. Jänner 2015) Ploërmel verfügte die Entfernung des Kreuzes vom Denkmal des Papstes Johannes Paul II. Der als Dreizehntonner in Bronze gegossene Pontifex dürfe zwar stehenbleiben, aber das Ausstellen religiöser Symbole im öffentlichen Raum sei im Lichte der laizistischen Verfassung sittenwidrig.

Nun gibt es auch bei uns Sonderlinge, die ihre nachvollziehbar üppig bemessene Tagesfreizeit in Klagen gegen Kruzifixe in Schulen investieren. Strecken wir ihnen reformtheologisch die Hand entgegen! Den zahlreichen Nepomuk-Statuen an Brücken könnten statt Kreuzen gewinnbringend Transparente der Zahnärztekammer umgehängt werden: „Ihre Brücke in sicherer Hand – Ihr niedergelassener Dentalmediziner". Die Gottesanbeterin wird sich kaum beschweren, wenn sie künftig AgnostikerIn heißt. Auch Ortsnamen mit „Sankt" und „Heiligen" sollten keine Probleme aufwerfen: Lebt man halt künftig in Pölten, Unterveit oder Blut, und Marx ist sogar korrektheitstechnisch vorbildlich. Kollateral eng wird es nur bei der Gemeinde Heiligenkreuz und beim FPÖ-Kulturpolitiker (eine contradictio in adiecto) Walter Rosenkranz. Wobei es mir um die Gemeinde leid wäre.

Wie allerdings mit den halbmondförmigen Kipfeln und den für die Religionsgemeinschaft der Pastafari identitätsstiftenden Nudelsieben zu verfahren ist: Das wird die Gleichbehandlungskommission noch vor Herausforderungen stellen.

114

Töchter und Söhne

Hymnisches.
„Groß im Matschkern, Sudern, Tschentschen"

Blicken wir den Tatsachen ins Auge, liebe vom Binnen-I ungepfählte Leser: Die Bundeshymne, laut BGBl. I Nr. 127/2011 in nunmehr geschlechtsneutraler Fassung zu holpern, ist auch in der Erstgestalt kein Meisterwerk. Komponiert hat sie ein gewisser Johann Holzer zur pädagogischen Unterfütterung des freimaurerischen Brudermahls nach der rituellen Tempelarbeit. In das Werkverzeichnis seines Logenkollegen Mozart ist sie aus purem Versehen geraten.

Auch dem Text, den die Schriftstellerin Paula von Preradović anno 1946 als Gewinnerin eines Wettbewerbs dem Holzer'schen Elaborat untermartert hat, ist nur ein Gutes nachzusagen: Wenigstens gewann nicht die Wettbewerbsteilnehmerin Paula Grogger, eine vormals illegale NSDAP-Aktivistin.

Zu schätzen ist die Bundeshymne allenfalls für Satiriker und/oder Prähistoriker, tunlichst für Prähistoriker mit satirischer Ader. Gibt doch das in ihr entworfene Bild die österreichische Realität scharfkantig wieder: ein Gebirgsvolk in der Jungsteinzeit. Jäger und Sammler haben sich schon zu Ackerbauern zivilisiert („Land der Äcker", zugleich die Geburtsstunde des Bauernbundes), und statt des Faustkeils sind primitive Gerätschaften in Betrieb („Land der Hämmer", zugleich die Geburtsstunde des ÖGB). Und über die Dome wird sogar ein kühner Vorgriff auf das Mittelalter gewagt. So viel zur Kunst.

ABER: Der Zugriff der Politik auf Kunstwerke war immer ein Alarmsymptom, und so schlecht kann ein Gedicht gar nicht sein, dass es nicht im Sinne der humanitären Grundwerte vor einer Bearbeitung durch Maria Rauch-Kallat und Eva Glawischnig zu schützen wäre. Wenn aber die „großen Söhne" tatsächlich dran glauben müssen, so empfehle ich, die Kärntner Idiomatik zu bemühen: „Heimat, bist du großer Menschen / groß im Matschkern, Sudern, Tschentschen". Womit auch die scheinbar unlösbare Herausforderung, einen Reim auf „Menschen" zu finden, im Sinne der politischen Korrektheit bewältigt wäre.

Als über Initiative der erwähnten Politikerinnen Maria Rauch-Kallat und Eva Glawischnig – bekanntlich zwei der größten Töchter, die je über dieses Land kamen – die Bundeshymne einer kosmetischen Korrektur zum Besten der Gender-Gerechtigkeit unterzogen wurde, zürnten viele. Zumal die ursprünglich ins Auge gefasste Variante „Heimat großer Töchter, Söhne" als „Töchtersöhne" gehört werden konnte und damit ausschließlich männliche Enkel besang.

„Töchter und Söhne" zu singen ging wiederum einem feinnervigen, hochmusikalischen Künstler wie Andreas Gabalier wider die Natur. Also sang er zur Eröffnung des Automobilrennens von Spielberg, was er gelernt hatte, ehe Paula von Preradović' subalterne Reimkunst von Lyrikerinnen aus mehreren Parteisekretariaten endgültig zur Karikatur umgedichtet wurde. Seither tobt die schon für verendet gehaltene Debatte wieder in praller Schönheit. Als sich die damals virulente Bildungsministerin Gabriele Heinisch-Hosek, eine nur unwesentlich kleinere Tochter als Maria Rauch-Kallat und Eva Glawischnig, via Facebook strafend wider Gabalier wandte, entgleiste der Disput vollends. Das Thema ruft also nach weiterführender Bearbeitung.

Überfälliges zu den Landeshymnen

Sträflich unbehandelt blieben im Lichte der Gender-Debatte die österreichischen Landeshymnen. Ich habe ihnen nachgespürt und bin auf Diskutierenswertes gestoßen: So muss man in Tirol bei Strafdrohung Kaiser Franz II. ehren, und in Niederösterreich singt man das Erzeugnis eines alten Nazis. Darüber hinaus habe ich sämtliche Texte nach dem Rauch-Kallat-Glawischnig-Indikator analysiert und ihnen mittels beherzten lyrischen Zugriffs die Schrecken der Unkorrektheit genommen. Machen Sie sich also auf den alsbaldigen Gebrauch des Refrains „Dieses schöne Binnenland / ist mein SteirerInnenland" gefasst.

In Wien verläuft die Suche nach einer Hymne seit Jahrzehnten barmherzig ergebnislos. Meine Empfehlung ist eindeutig. Sie betrifft ein Lied des großen Heimatsohns Georg Kreisler mit dem Titel „Wie schön wäre Wien ohne Wiener". Auf das Binnen-I soll es uns dabei in Kenntnis der handelnden Personen nicht ankommen.

Steiermark
Hoch vom Dachstein
Text: Jakob Dirnböck (1809–1861), **Musik:** Ludwig Karl Seydler (1810–1888)

Hoch vom Dachstein an, wo der Aar noch haust,
bis zum Wendenland am Bett der Sav'
und vom Alptal an, das die Mürz durchbraust,
bis ins Rebenland im Tal der Drav'
Dieses schöne Land ist der Steirer Land,
ist mein liebes teures Heimatland,
dieses schöne Land ist der Steirer Land,
ist mein liebes, teures Heimatland!

Wo die Gämse keck von der Felswand springt
und der Jäger kühn sein Leben wagt;
wo die Sennerin frohe Jodler singt
am Gebirg, das hoch in Wolken ragt
Dieses schöne Land ist der Steirer Land,
ist mein liebes teures Heimatland,
dieses schöne Land ist der Steirer Land
ist mein liebes, teures Heimatland!

Wo die Kohlenglut und des Hammers Kraft,
starker Hände Fleiß das Eisen zeugt
wo noch Eichen stehn, voll und grün von Saft
die kein Sturmwind je noch hat gebeugt

Dieses schöne Land ist der Steirer Land,
ist mein liebes teures Heimatland,
dieses schöne Land ist der Steirer Land
ist mein liebes, teures Heimatland!

Wo sich lieblich groß eine Stadt erhebt
hart am Atlasband der grünen Mur,
wo ein Geist der Kunst des Wissens lebt,
dort im hehren Tempel der Natur
Dieses schöne Land ist der Steirer Land,
ist mein liebes teures Heimatland,
dieses schöne Land ist der Steirer Land
ist mein liebes, teures Heimatland!

Die Frage ist eine prinzipielle: Taugt ein schöner, alter, aus seiner Entstehungsgeschichte schlüssiger Text zur Hymne, obwohl
der Aar längst vor der Dachstein-Seilbahn die Flucht ergriffen
hat und die Sennerin maximal gegen Gebühr im Auftrag des
Fremdenverkehrsamts jodelt? Nicht zu reden von den aggres-
siven territorialen Ansprüchen an Slowenien gleich in der ersten Strophe: Von Save und Drau als Heimatbegrenzung träumt
mittlerweile offiziell nicht einmal die regionale FPÖ. Die Deutschen haben sich des ähnlich gelagerten Problems in der (nicht
weniger schönen und alten) Fallersleben-Hymne pragmatisch
entledigt: Die erste Strophe mit den vielen Flüssen, in der aus
heutiger Sicht de facto zum Überfall auf halb Europa aufgerufen
wird, singen dort nur sehr spezielle Herrschaften. In der Steiermark allerdings, wo das Hymnenproblem anlässlich des slowenischen EU-Beitritts anno 2004 diskutiert wurde, hat man sich
gegen die Anfechtungen des Zeitgeists resistent gezeigt.

Nun allerdings besteht im Lichte der Gabalier-Debatte Hand-
lungsbedarf, und das Hauptproblem betrifft überraschend den
Refrain „Dieses schöne Land ist der Steirer Land". Die Formu-
lierung „Dieses schöne Binnenland ist der SteirerInnen Land"
wird nachdrücklich empfohlen. Mithin wären nur noch zwei
Geschlechtsstereotype in der zweiten Strophe zu beheben:

„... der Jäger kühn sein Leben wagt" und „... die Sennerin frohe Jodler singt". Mittels beherzter wie sensibler Bearbeitungskunst ist das leicht zu korrigieren:

„Wo die Gämse keck von der Felswand springt und die Waidperson ihr Leben wagt, der/die SennerIn frohe Jodler singt am Gebirg, das hoch in Wolken ragt ..."

Tirol
Zu Mantua in Banden
Text: *Julius Mosen (1803–1867),* **Musik:** *Leopold Knebelsberger (1814–1869)*

Zu Mantua in Banden
der treue Hofer war,
In Mantua zum Tode
führt ihn der Feinde Schar.
Es blutete der Brüder Herz,
ganz Deutschland, ach,
in Schmach und Schmerz,
mit ihm das Land Tirol,
mit ihm das Land Tirol.

Die Hände auf dem Rücken,
der Sandwirth Hofer ging.
Mit ruhig festen Schritten,
ihm schien der Tod so gering.
Der Tod, den er so manchesmal
vom Iselberg geschickt ins Tal.
Im heil'gen Land Tirol.

Doch als aus Kerkergittern
im festen Mantua
die treuen Waffenbrüder
die Händ' er strecken sah,
da rief er laut: Gott sei mit euch,

mit dem verratnen Deutschen Reich,
und mit dem Land Tirol.

Dem Tambour will der Wirbel
nicht unterm Schlägel vor,
als nun der Sandwirth Hofer
schritt durch das finstre Tor.
Der Sandwirth noch in Banden frei
dort stand er fest auf der Bastei
der Mann vom Land Tirol.

Dort soll er niederknien,
er sprach: das tu' ich nit!
will sterben, wie ich stehe,
will sterben, wie ich stritt,
so wie ich steh' auf dieser Schanz,
es leb mein guter Kaiser Franz,
mit ihm das Land Tirol!

Und von der Hand die Binde
nimmt ihm der Korporal,
und Sandwirth Hofer betet
alhier zum letzten Mal.
Dann ruft er: nun so trefft mich recht.
Gebt Feuer! – Ach, wie schießt ihr schlecht!
Ade, mein Land Tirol!

Ein konvertierter jüdischer Rechtsanwalt aus Sachsen, der sich
von „Moses" in „Mosen" umbenannte und mit Tirol nichts Be-
kanntgewordenes im Sinn hatte: Dass dieser polyglotte Freigeist
und Freimaurer das Andreas-Hofer-Lied schrieb, ist eine fulmi-
nante Pointe der Literaturgeschichte, hält man sich vor Augen,
wie inbrünstig dieses Lied auch mit erhobener Rechter gegrölt
wurde. Der Text ist stark und bewegend, weil mit der Kraft der
Überzeugung geschrieben: eine finstere, trotzige Ballade aus
dem Geist des deutschen Freiheitskampfes. Uhland oder Freilig-

rath hätte es nicht besser machen können. Das andere ist, dass man das Lied mit allen Strophen 1948 zur Tiroler Landeshymne bestellte, womit jede textliche Veränderung als Offizialdelikt verfolgt wird. Tirol ist somit die letzte Region der verwichenen Donaumonarchie, in welcher die Nichtverehrung Franz des Zweiten († 1835) unter Strafandrohung steht.

Vom Standpunkt der Gabalier-Debatte ist dieser Text als einziger unrettbar, denn hier ist mit Kosmetik nichts mehr zu erreichen: Der Geschwister Herz, die treuen Waffenbrüder und -schwestern, der/die TambourIn – all das bedürfte einer Kommission aus MilitärhistorikerInnen.

Der Alternativvorschlag lautet: Das Lied ist durch „Da Hofa woas" von Josef Prokopetz zu ersetzen.

Niederösterreich
O Heimat
Text: *Franz Karl Ginzkey (1871–1963),* **Musik:** *Ludwig van Beethoven (1770–1827)*
O Heimat, dich zu lieben,
getreu in Glück und Not.
Im Herzen steht's geschrieben
als innerstes Gebot.
Wir singen deine Weisen,
die dir an Schönheit gleich,
und wollen hoch dich preisen,
mein Niederösterreich.
Im Rauschen deiner Wälder,
in deiner Berge Glanz,
im Wogen deiner Felder
gehören wir dir ganz.
Im Dröhnen der Maschinen,
im Arbeitsfleiß zugleich,
wir müh'n uns, dir zu dienen,
mein Niederösterreich.
Getreu dem Geist der Ahnen,

wir schaffen uns das Brot
und halten hoch die Fahnen
blau-gold und rot-weiß-rot.
Wenn sie im Winde wehen,
an ernster Mahnung reich,
gilt es, zu dir zu stehen,
mein Niederösterreich.

Dem bis heute als Kinderbuchautor gern genommenen Franz
Karl Ginzkey („Hatschi Bratschis Luftballon", „Florians wunder-
same Reise über die Tapete") glückte anno 1963 etwas Singulä-
res: Sein Text ist der einzige, dem aus keiner Korrektheitsperspektive etwas nachzuweisen ist (wenn man den bescheidenen
Fauxpas mit den Ahnen und der hochgehaltenen Fahne in der
letzten Strophe hingehen lässt). Der Mann wusste eben immer,
was von ihm erwartet wurde: Ginzkey war Funktionär der Va-
terländischen Front im austrofaschistischen Ständestaat und zugleich illegaler Nazi, Freimaurer, solange es opportun war, aber
so rechtzeitig ausgetreten, dass ihm trotz dieses biografischen
Fehltritts per Führer-Dispens der Beitritt zur NSDAP ermög-
licht wurde, und nach dem Krieg geschätzter Vorzeigedemokrat
der Wiederaufbauzeit. Wen wundert es da, dass er sich schon
vor 50 Jahren gegen alle Eventualitäten späterer Generationen
vorsah? Seltsam nur, dass einem der Text in all seiner Glätte an
den Fingern klebt.

Burgenland
Mein Heimatvolk, mein Heimatland
Text: *Ernst Joseph Görlich (1905–1973),* **Musik:** *Peter Zauner*
(1886–1973)

Mein Heimatvolk, mein Heimatland,
mit Österreich verbunden!
Auf Dir ruht Gottes Vaterhand,
Du hast sie oft empfunden.

Du bist gestählt in hartem Streit zu Treue,
Fleiß und Redlichkeit.
Am Bett der Raab, am Heiderand,
Du bist mein teures Burgenland!
Am Bett der Raab, am Heiderand,
Du bist mein teures Burgenland!

Rot-Gold flammt Dir das Fahnentuch,
Rot-Gold sind Deine Farben!
Rot war der heißen Herzen Spruch,
die für die Heimat starben!
Gold ist der Zukunft Sonnenlicht,
das strahlend auf Dich niederbricht!
Stolz trägt das Volk Dein Wappenband:
Du bist mein teures Burgenland!
Stolz trägt das Volk Dein Wappenband:
Du bist mein teures Burgenland!

Mein Heimatvolk, mein Heimatland!
Mit Öst'reichs Länderbunde hält Dich verknüpft
das Bruderband schon manche gute Stunde!
An Kraft und Treue allen gleich,
Du jüngstes Kind von Österreich.
Zu Dir steh' ich mit Herz und Hand:
Du bleibst mein teures Burgenland!
Zu Dir steh' ich mit Herz und Hand:
Du bleibst mein teures Burgenland!

So kann es gehen: Der alte Nazi Ginzkey präsentiert sich in seiner gesülzten Eloge auf Niederösterreich als tadelfreier Demokrat. Der Hymnentext des burgenländischen Nazi-Opfers Ernst Joseph Görlich hingegen nimmt sich aus, als hätte ihn die Reichsschrifttumskammer kommissioniert. Gestählt zur Treue, Heimatvolk, Tod für das Vaterland: Klar, der in der katholischen Lehrerinnenbildungsanstalt (ohne Binnen-I!) tätige Germanist und Historiker schrieb das Elaborat für die Vaterländische

Front, was manches erklärt. Vermutlich auch das Berufsverbot, das im Nazi-Reich mehrere allzu leidenschaftliche Proponenten der verflossenen austrofaschistischen Konkurrenz ereilte. Aber Görlich wurde 1941 an die Front geschickt, während sich andere über Hitlers „Gottbegnadetenliste" aus der lebensbedrohenden Affäre zogen.

Vom Standpunkt der Gabalier-Debatte ist, abgesehen vom Bruder- und Schwesterband in der letzten Strophe, „Gottes Vaterhand" in „Gottes erziehungsberechtigte Hand" zu ändern.

Vorarlberg
Du Ländle
Text und Musik: *Anton Schmutzer (1864–1936)*

Du Ländle, meine teure Heimat,
ich singe dir Ehr' und Preis;
begrüße deine schönen Alpen,
wo Blumen blüh'n so edel weiß
und golden glühen steile Berge,
berauscht vom harz'gen Tannenduft.
O Vorarlberg, will treu dir bleiben,
bis mich der liebe Herrgott ruft!
O Vorarlberg, will treu dir bleiben,
bis mich der liebe Herrgott ruft!

Du Ländle, meine teure Heimat,
wo längst ein rührig Völklein weilt,
wo Vater Rhein, noch jung an Jahren,
gar kühn das grüne Tal durcheilt;
hier hält man treu zum Vaterlande
und rot-weiß weht es durch die Luft.
O Vorarlberg, will treu dir bleiben,
bis mich der liebe Herrgott ruft!
O Vorarlberg, will treu dir bleiben,
bis mich der liebe Herrgott ruft!

Du Ländle, meine teure Heimat,
wie könnt' ich je vergessen dein,
es waren doch die schönsten Jahre
beim lieben, guten Mütterlein;
drum muss ich immer wieder kommen
und trennte mich die größte Kluft.
O Vorarlberg, will treu dir bleiben,
bis mich der liebe Herrgott ruft!
O Vorarlberg, will treu dir bleiben,
bis mich der liebe Herrgott ruft!

Der Blick auf die österreichischen Landeshymnen zeigt – nach dem Vorbild der Bundeshymne – häufig ein Land auf dem Zivilisationsstand des Neolithikums, behaust von Ackerbauern, Jägern, Hirten und Alpinisten. Ein Sonderfall selbst innerhalb dieser Spezies ist der Text des Feldkircher Chordirektors Anton Schmutzer: Er wurde erst 1949 zur Hymne bestimmt. Begünstigt durch die Gnade des zeitgerechten Ablebens, war der 1936 verstorbene Schmutzer offenbar die geeignete Person, um die Jahre 1938 bis 1945 mittels Alpenglühen und Tannenduft zu desinfizieren. Der Text ist harmlos, stereotyp und uninspiriert. Im Lichte der Gabalier-Debatte besteht dennoch Korrekturbedarf, zunächst in Zeile drei der zweiten Strophe: „Wo Vater Rhein, noch jung an Jahren, gar kühn das grüne Tal durcheilt". Der Verweis auf das zweite Nationalgewässer scheint hier hinsichtlich der Gender-Gerechtigkeit unerlässlich, etwa: „Wo Mutter Ill und Vater Rhein sich winden durch die Fluren dein".

Die letzte Strophe ist zur Gänze neu zu verfassen. Hier wird das Geschlechtsstereotyp der für die Kindererziehung allein zuständigen Mutter mit allen Konsequenzen (siehe Oberösterreich) prolongiert.

Der Alternativvorschlag lautet: „Du Ländle, meine teure Heimat, mit Matten grün und Bergen steil, / es waren doch die schönsten Jahre beim lieben, guten Elternteil."

Oberösterreich
Hoamatgsang
Text: Franz Stelzhamer (1802–1874), **Musik:** *Hans Schnopfhagen (1845–1908)*

Hoamatland, Hoamatland,
di han i so gern!
Wiar a Kinderl sein Muader,
a Hünderl sein Herrn.

Duri s'Tal bin i glafn,
afn Hügl bin i glegn,
und dein Sunn hat mi trickert,
wann mi gnetzt hat dein Regn.

Dahoam is dahoam,
wannst net fort muaßt, so bleib.
Denn die Hoamat is ehnter
der zweit Muaderleib.

Ein Stück oberösterreichischer Identität, das bis heute jedem Säugling mit dem Mostzuzel ins Gemüt praktiziert wird: Die einzige in Mundart geschriebene Hymne Österreichs verdient schon deshalb besonderen Schutz. Am Text des romantischen Heimatdichters Franz Stelzhamer stimmt alles: ein in seiner Einfachheit vollkommenes Liebesgedicht ohne lokalpatriotisches Hurragebrüll und Idyllenschwulst. So rühmten es zumindest bisher selbst explizit urbane Literaturwissenschafter.

Im Lichte der aktuellen Debatte offenbart Stelzhamers „Hoamatgsang" allerdings ungeahnt dunkle Seiten: Dem Dichter gelingt es, in den Zeilen „Wiar a Kinderl sein Muader, / a Hünderl sein Herrn" nicht nur ungebührlich auf die Debatte um das Adoptionsrecht für eingetragene homosexuelle Partnerschaften Einfluss nehmen zu wollen, sondern auch Hundebesitzerinnen zu diskriminieren. Der Alternativvorschlag lautet: „Hoamatland, Hoamatland, für mi bist so gsund / wiar de Öltan fürs

Kindal, wia d'HalterIn fürn Hund". Die letzte Zeile, „der zweit Muaderleib", ist in Richtung „Öltanleib" zu adaptieren.

Salzburg
Land unsrer Väter
Text: Anton Pichler (1874–1943), Musik: Ernst Sompek (1876–1954)

Land unsrer Väter, lass' jubelnd dich grüßen,
Garten behütet von ew'gem Schnee,
dunkelnden Wäldern träumend zu Füßen
friedliche Dörfer am sonnigen See.
Ob an der Esse die Hämmer sich regen
oder am Pfluge die nervige Hand,
Land unsrer Väter, dir jauchzt es entgegen:
Salzburg, o Salzburg, du Heimatland!
Land unsrer Väter, dir jauchzt es entgegen:
Salzburg, o Salzburg, du Heimatland.

Wie aus des Ringes goldenem Reifen
funkelt der Demant, der Wunderstein,
grüßt aus der Hügel grünendem Streifen
Salzburg, die Feste im Morgenschein.
Und wenn die Glocken den Reigen beginnen
rings von den Türmen vergangener Zeit,
schreitet durch einsamer Straßen-Sinnen
Mozart und seine Unsterblichkeit.

Sollten die Länder der Welt wir durchwallen,
keins kann, o Heimat, dir werden gleich.
Mutter und Wiege bist du nur uns allen,
Salzburg, du Kleinod von Österreich.
Scholle der Väter, hör' an, wir geloben,
treu dich zu hüten den Kindern als Pfand!
Du, der in ewigen Höhen da droben,
breite die Hände und schirme dies Land.

Der Salzburger Pfarrer Anton Pichler war ein gottverlassen schlechter Lyriker. Bei der Uraufführung der von ihm verfassten Landeshymne am 15. Mai 1928 durch den Schüler-Knabenchor der Volksschule St. Andrä hätte man es besser bewenden lassen. Immerhin verortet der Text das Land allerdings nicht mehr nur bei Jagd und Ackerbau, sondern bereits in den Metallzeiten („Ob an der Esse die Hämmer sich regen ..."), um dann avantgardistisch bis ins Barock vorzudringen. Der Text ist bieder, unproblematisch und als ernsthafter Gegner zu schwach.

Vom Standpunkt der Gabalier-Debatte allerdings ist das Werk überraschend unrettbar. Was tun mit einem Text, der sowohl in der ersten Zeile als auch im Refrain über das „Land unsrer Väter" schwadroniert? Die naheliegende Variante" Land unsrer Ahnen" macht die Sache nur zusätzlich anrüchig. Auch das Gegensatzpaar „Mutter und Wiege" (Alternativvorschlag: „Eltern und Tragetuch bist du uns allen") – „Scholle der Väter" kann so nicht belassen werden, zumal die Scholle ein regional atypischer Salzwasserfisch ist. Problematisch ist schließlich die ausschließliche Namhaftmachung Mozarts ohne relativierende Berücksichtigung einer großen Tochter, etwa Helga Rabl-Stadler.

Kärnten
Dort, wo Tirol an Salzburg grenzt
Text: *Johann Thaurer Ritter von Gallenstein (1779–1840),*
Musik: *Kärntner Heimatlied*

Dort, wo Tirol an Salzburg grenzt,
des Glockners Eisgefilde glänzt;
wo aus dem Kranz, der es umschließt,
der Leiter reine Quelle fließt,
laut tosend, längs der Berge Rand,
beginnt mein teures Heimatland.

Wo durch der Matten herrlich Grün
des Draustroms rasche Fluten zieh'n;
vom Eisenhut, wo schneebedeckt
sich Nordgaus Alpenkette streckt,
bis zur Karawanken Felsenwand
dehnt sich mein freundlich Heimatland.

Wo von der Alpenluft umweht
Pomonens schönster Tempel steht,
wo durch die Ufer, reich umblüht,
der Lavant Welle rauschend zieht,
im grünen Kleid ein Silberband
schließt sich mein liebes Heimatland.

Wo Mannesmut und Frauentreu'
die Heimat sich erstritt aufs neu',
wo man mit Blut die Grenze schrieb
und frei in Not und Tod verblieb;
hell jubelnd klingt's zur Bergeswand:
Das ist mein herrlich Heimatland!

Dass die Kärntner Hymne von einem gewissen Gallenstein (Johann Thaurer von) verfasst wurde, ist ein Kalauer der Geschichte und eine bescheidene Revanche für Haider und Hypo. Als die
Kärntner Landmannschaft das Werk des Juristen und Gutsver-
walters anno 1911 zur Hymne erklärte, tilgte sie die damalige
dritte Strophe, in welcher des Kaisers Franz gedacht wird – ein
Vorgang, der in Tirol (siehe dort) heute strafbar wäre. Was blieb,
ist ein unbeholfen gereimtes Geografiebuch ohne Sprache, Ambition und Gesinnung.

Wenigstens an den beiden letztgenannten Eigenschaften
fehlte es der Verfasserin der später hinzugefügten vierten Strophe nicht: Als die Landmannschaft 1930 eine Ergänzung zum
Jahrestag der Volksabstimmung in Auftrag gab, setzte sich der
Vorschlag der sendungsbewussten Pädagogin Agnes Millonig
durch. Deren letzte Zeile „Das ist mein deutsches Heimatland"

war sogar den Landsmännern zu explizit, aber auch das Verbliebene gehorcht einer Art Kampfrhetorik, welche die Gurgel keines honetten Sängers verlassen dürfte.

Auch im Lichte der Gabalier-Debatte ist zumindest die Adaption der beiden ersten Zeilen dieser Strophe unerlässlich, um der Perpetuierung geschlechterstereotyper Klischees zu begegnen. Die empfohlene Fassung – das weltweit erste, vermutlich nur in Kärnten mögliche Beispiel radikalfeministischer Wiederbetätigung – lautet: „Wo deutsche Treu und deutschen Sinn bewiesen der/die KärntnerIn".

König der Niemandsbucht

Allein gegen die Welt. Ein Kniefall vor Peter Handke

Wenig gleicht an Widersinn dem Konsens unter Kritikern: Ein Berufsstand, dessen einziges, äußerst empfindliches Instrument das an subjektiver Erfahrung verfeinerte Gespür ist, ordnet sich zur Meinungskarawane, die sich träge in die gerade opportune Richtung wälzt. Voran trottet der Leitwallach (so wird, man lernt ja ständig dazu, auch das kastrierte Kamel benannt), der Rest folgt im Glücksrausch des Wir-Gefühls, das sich bevorzugt am Adverb „zweifellos" mästet, wo Zweifel am dringlichsten angesagt wären.

Der österreichische Weltliterat Peter Handke musste das erleben, als er die NATO-Bombardements der Neunzigerjahre gegen Serbien verurteilte. Nie hatte er ein im Bosnien-Krieg verübtes Kriegsverbrechen geleugnet oder auch nur verharmlost. Aber die alleinige Schuldzuweisung an Serbien mit der Folge völkerrechtswidriger Bombenangriffe ohne Kriegserklärung wollte er nicht hinnehmen. In Jugoslawien hatte ein hochexplosives Völkergemisch der Detonation entgegengebrodelt: serbische Tschetniks, bosnisch-moslemische Fundamentalisten, kroatische Nazis und albanische Mafiabanden erwarteten mit Ungeduld die Stunde des Zerfalls, und an den apokalyptischen Konsequenzen hatten alle ihren Teil.

Handke war dem alten Jugoslawien wegen seiner Herkunft aus einer slowenischen Partisanenfamilie heimatlich verbunden gewesen. Als man ihm die Rudimente dieses Traums niederbombte, wurde er zornig und meldete sich zu Wort. Die Konsequenzen waren zumindest in ihrer Vehemenz überraschend: Handke wurde medial aus der zivilisierten Welt delogiert, Buchhandlungen nahmen seine Werke aus dem Sortiment, die Uraufführung des Kampfstücks „Die Fahrt im Einbaum" an Claus Peymanns Burgtheater wurde zum Parteipolitikum. Noch sieben Jahre später weigerte sich die Stadt Düsseldorf, Handke den prominent jurierten Heine-Preis auszuhändigen. Den daraufhin von Sympathisanten gestifteten Alternativen Heine-Preis brachten Handke und der unbeugsame Peymann ins Kosovo, um dort ein Kinderschwimmbad errichten zu lassen.

Handkes Verhältnis zu den Medien hatte sich während der Neunzigerjahre stetig verfinstert. Interview-Anfragen wurden abschlägig beschieden. Da erreichte mich im Mai 1999 – Handke war soeben mit seinem Freund, dem Maler Zlkatko Bokocić, von einer emotionalisierenden Reise ins Kriegsgebiet zurückgekehrt – eine unglaubliche Nachricht: Handke erwarte mich an seinem Wohnsitz in Chaville bei Paris zum Gespräch für das Nachrichtenmagazin „News".

Das Resultat ging um die Welt, und Handke hat sich über „News" noch viele Male erklärt.

Herr Handke, sind Sie Serbe, womöglich Großserbe, wie auch schon geschrieben wurde?
Alles, was nicht hässlich und schmutzig antiserbisch ist, muss sich heute gefallen lassen, als proserbisch bezeichnet zu werden. Für mich ist das Antiserbentum, das als Hauptschmutzstrom gegen ein Volk auftritt, ein Schimpfwort wie Antisemit geworden. Die Antiserben sind für mich auf andere Weise genauso übel und unerträglich wie die Antisemiten in ihrer schlimmsten Zeit. Ich bin nicht pro, ich bin mit den Serben, physisch, historisch, herzlich, gedanklich, mit den Füßen, mit den Händen. Da ist kein Moment Spiel dabei. Das ist Schwerkraft, Durchlässigkeit, Blick. Ich brauche nicht mehr von der Liebe zu schwafeln. Ich bin mit ihnen. Und deswegen bin ich hier, in der Nähe von Paris, unruhiger als dort.

Was war Ihr erster Eindruck, als Sie das Land betraten?
Das Eindringlichste war das Gefühl der Todgeweihtheit der Soldaten. Die waren nicht in Trupps zu sehen, sondern einzeln, zum Teil getarnt, und haben irgendwelche Kasernen an der Save

bewacht. So einer steht allein draußen im Gras, und der Himmel ist frei – ein Zeichen, dass die heute gut bomben können. Früher hat man von Kaiserwetter gesprochen, heute von Bomberwetter. Es fand überhaupt keine Propaganda statt, und die Menschen waren auf eine Art vereinzelt, die vielleicht eine serbische Art ist, zusammen zu sein. Auch von den Versammlungen auf dem Platz der Republik hatte ich nicht den Eindruck, sie seien organisiert. Da gab es nicht nur Rockmusik, wie immer geschrieben wird, es gab auch Folk und Blues, und es wurden Gedichte von großen serbischen Dichtern vorgelesen. Das Schlimmste dazu habe ich in „Le Monde" gelesen: dass auch die afrikanischen Stämme ihre jungen Leute, bevor sie sie in den Krieg schicken, mit Buschtrommeln aufheizen. Aber auf diesen Versammlungen gab es auch kirchliche Gesänge und Gedichte von Ivo Andrić.

Sie nehmen für Ihre Haltung schwere Kritik in Kauf.
In meiner Position, die keine Meinungsposition ist, sondern ein Standpunkt, kann ich nur eine Zeit lang mit dabei sein und dann erzählen, was ich gesehen, gedacht und gefühlt habe. Ohne Fühlen gibt es ja kein Denken. Am Anfang steht immer ein sprachliches Problem. Als ich am Anfang des Krieges hingefahren bin, hat man in der Übersetzung aus dem Französischen aus meiner einzigen halboffiziellen Stellungnahme Folgendes gemacht: „Er war da, um das Aroma des Krieges zu schnüffeln." Ich hatte aber gesagt, ich möchte das Land spüren. Das ist wie die Geschichte mit dem serbischen Ritter, zu dem ich geschlagen worden sein soll. Ich habe, als ich nach Frankreich heimkam, hier ein Fax von einer Organisation der Weltserben vorgefunden, die mit keiner staatlichen serbischen Stelle etwas zu tun hat. Das sind gutwillige, ungeschickte Menschen, die das gerade in dem Moment, in dem man sich mit so was lächerlich macht, an die Welt geben.

In Europa sind heute die roten und grünen Minister für das Bombardement mit zuständig. Was sagen Sie dazu?
Dieser Spanier von der NATO, dessen Namen ich nicht über die Lippen bringe (Javier Solana, Anm.), erklärt als Ausrede für den

Krieg: „Ich kann kein schlimmer Mensch sein, denn ich bin ein Achtundsechziger." Der amerikanische Dreckskerl (Bill Clinton, Anm.), der englische Kunstturner (Tony Blair, Anm.), alle diese Verbrechertypen gehören der Generation an, die uns „Make love not war" vorgesungen hat. Deshalb, so erklären sie, können sie keine Kalten Krieger sein. Und jetzt sage ich Ihnen: Ich ziehe Kalte Krieger diesen verfehlten Hippies tausendmal vor. Brechts Spruch „Der Schoß ist fruchtbar noch, aus dem dies kroch" trifft heute auf die „Flower-Power"- und „Make love not war"-Grünen zu. Nach landläufiger Meinung sind die Kreaturen, die aus dem Schoß krochen, die Rechtsradikalen. Aber die sind für mich Totgeburten, gefährlich nur wie Leichengift. Für mich ist das, was aus dem Schoß kroch, etwas anderes: die Grünen, der Typ, der Bundeskanzler ist (Gerhard Schröder, Anm.), und der Bombenminister (Joschka Fischer, Anm.). Das ist das grausig-ewige Deutschland.

Nun wollen manche Leute Österreich bei der NATO sehen und die Neutralität aufgeben.

Das einzig Freundliche, was ich in Jugoslawien über den Westen gehört habe, war auf Österreich bezogen. Die suchen ja wie die Ertrinkenden etwas, das ihnen Halt gibt. Und dass Österreich die NATO-Bomber nicht drüberfliegen lässt, ist für die schon eine Tat. Deshalb rede ich auch nicht mit den vornehmen deutschen Bomben-Blättern. Mit jedem Revolverblatt würde ich lieber reden.

Sie leben in einem NATO-Land. Möchten Sie nicht nach Österreich zurückkommen?

Wenn ich die Leute hier in Frankreich auf dem Markt herumstehen und ihre leeren Höflichkeitsfloskeln austauschen höre, würde ich gern jedem einen Tritt in den Arsch geben: Wissen denn die Leute nicht, dass sie Krieg gegen ein kleines Land führen? Aber nach Österreich komme ich nicht zurück. Hier, in meinem Haus und in meinem Garten, ist für mich selbstproklamierte Enklave. Obwohl hinter den Zedern ein Militärflughafen ist, wo alle Staatsoberhäupter landen und leider nicht zerschellen und wo von morgens bis abends die Bomber starten. Heute ist es merkwürdig still. Das mag ein gutes oder ein schlechtes Zeichen sein. Da kommt schon die Paranoia. Die sagt man auch den Serben nach. Aber es ist doch Wirklichkeit, dass sie bombardiert werden? Außenminister Jovanović sagte mir in seiner unnachahmlich vornehmen und zugleich urwüchsigen Art: „Wenn ich mit meinen Kollegen rede" – und er meinte die Pfeifen und Verbrecher, die sein Land niederkartätschen –, „dann darf ich das Wort Opfer nicht aussprechen. Denn der andere meint sofort, das sei der serbische Opferwahn." Aber es gibt doch Opfer und heulendes Elend noch und noch. Doch darüber ist gar kein Gespräch mehr möglich. Für mich ist das, was in diesem Krieg auch sprachlich passiert, ein Verbrechen Rest- und Ex-Europas. Wenn die NATO einen Flüchtlingszug bombt oder eine Eisenbahnbrücke, über die gerade ein Zug drüberfährt, und sagt, das ist ein „tragischer Irrtum", dann ist das Wort „tragisch" für immer verunglimpft.

Sie haben sich auch gegen die Journalisten gewandt.
Ich sehe bei diesen Typen seit Langem keine Arbeit mehr. Ich war in Jugoslawien, und ich habe zu dieser Zeit auch gearbeitet. Aber die Journalisten und Politiker? Ist Killen denn eine Arbeit? Diese Zeitungsratten verdienen mit ihrer Nichtarbeit, mit ihren Fertigsätzen und Fertigbildern ein Heidengeld. Für diese mechanische Killerei und Schweinerei bekommen sie auch noch eine Pension. Unter den tausend Skandalen ist das einer der schlimmsten. Andererseits habe ich gerade in „Le Monde" gelesen, dass sich jetzt viele Fotojournalisten weigern, in diese Flüchtlingsgesichter zu fotografieren. Sie fotografieren lieber die Fotografen, die in Großaufnahme in diese seltsame Mischung aus Erschöpfung und Verzweiflung hineinfotografieren. Man sollte dazu auch Tonaufnahmen machen, was die Dolmetscher zu den Flüchtlingen sagen und wie diese Fotos zustande kommen. Der ganze Großmarkt der Welt ist Information. Deshalb kann man mit Bildern und Worten am meisten schwindeln und am meisten verdienen.

Man ist soeben über Ihr Stück „Die Fahrt im Einbaum" hergefallen, kaum dass es veröffentlicht war.

Ja, in der „Zeit" und in der „Frankfurter Rundschau". Würde ein Sport- oder Lokalreporter eine Landwirtschaftsausstellung oder ein Radrennen so grundfalsch wiedergeben, würden die sofort entlassen. Aber Kulturleute oder politische Journalisten dürfen jedes Zeug schreiben. Einer schreibt, der Verlag hat das Buch früher herausgebracht, um Geld zu verdienen, ohne zu wissen, dass es seit Winter für diesen Termin angekündigt war. Der Tatbestand der Verleumdung ist damit erfüllt. Es wird erzählt, ich hätte das Massaker von Srebrenica geleugnet, obwohl diese Sätze im Stück ein Irrer sagt. Der Lohnjournalismus ist kein Beruf mehr. Wenn es wieder einer werden soll, müsste man langsam auf dem Lokal- und Sportjournalismus aufbauen.

Wie gehen Sie damit um, dass man nun Ihr Werk zu disqualifizieren versucht?

Ich habe das im „Nachmittag eines Schriftstellers" beschrieben: Das Werk ist unabnutzbar. Es ist aus Luft gemacht und kann höchstens verzögert werden. Ich selbst habe ja nicht den Funken einer Chance gegen den Journalismus. Aber andererseits hat der Journalismus keinen Funken Chance gegen mich. Was mich schmerzt, ist Jugoslawien.

Man wirft Ihnen vor, nicht zwischen dem Volk und Milošević zu unterscheiden.

Ich kenne Slobodan Milošević überhaupt nicht. Ich höre nur immer, dass er ein Diktator und ein Schlächter ist. Ich glaube, das Problem ist, dass niemand diesen Mann kennt. Man mag mir das jetzt auslegen, wie man will. Aber er ist der gewählte Präsident Jugoslawiens und hat das Territorium des Staates zu verteidigen. Jeder an seiner Stelle in den letzten zehn Jahren hätte genauso handeln müssen wie er. Ihm blieb keine Wahl. Man wirft ihm immer wieder vor, dass er 1989 auf dem Amselfeld zu einer Million Serben, die dort gefeiert haben, gesagt hat: „Niemand mehr wird euch schlagen". Man sagt, da komme der Nationalismus der Serben her. Ich sage aber: Die Serben waren und sind das am wenigsten nationalistische Volk auf dem Balkan. Das serbische Land hat am meisten Minderheiten, Zigeuner, Ungarn und Albaner. Sicher hat Tito den Albanern 1974 eine so große Autonomie gegeben wie keiner Volksgruppe in Europa. Sicher wäre es nötig gewesen, dass Jugoslawien den Kosovo-Albanern gleich bei Beginn des Bosnien-Kriegs die Autonomie von 1974 zurückgibt. Das war den Albanern aber nicht genug – sie wollen ihren Staat, denn unter 20 Albanern im Kosovo ist vielleicht ein Serbe, wenn er sich heranwagt. Nur sind die Kosovo-Albaner mit ihrem Parallelstaat gescheitert, die Zertifikate ihrer Parallel-schulen wurden nirgendwo in Europa anerkannt, denn das war absolut kindisch. Und diese Kinderei führte zur Gewalt. Die al-banische Bevölkerung im Kosovo besteht aus Bauern in Dörfern und aus einer anderen Bevölkerung, den Clans, die in riesigen Gutshöfen mit fast großstädtischem Getriebe leben. Und von dieser Clanbevölkerung ging der Krieg aus, oder die Befreiung, wie Sie wollen. Ich war vor drei Jahren in einer kleinen Stadt. Da gab es noch eine einzige serbische Gaststätte, und die war be-rühmt dafür, dass dort der erste Terrorakt dieser wunderbaren Organisation, deren Namen ich nicht nenne (die UÇK, Anm.), stattgefunden hat. Zwei Wochen vorher ging in der Straße das Licht aus, und da kamen vermummte Leute zur Tür herein und haben in einer Minute fünf Leute erschossen. Und man hat auch noch gesagt, die Serben hätten das selber provoziert.

Ist das von der Methode mit dem Ausbruch des Zweiten Weltkriegs vergleichbar?
Ja, die Bombardierung Jugoslawiens kommt mir genauso vor: „Seit soundso viel Uhr wird zurückgeschossen." Genauso ver-logen, brutal und schmutzig, wie die Deutschen den Zweiten Weltkrieg vom Zaun gebrochen haben, ist die NATO gegen Ju-goslawien vorgegangen. Schon der Sprachgebrauch! „Krieg im Kosovo", da könnte ich schon meinen Kugelschreiber entsichern. Für mich heißt das „Der Krieg gegen Jugoslawien". Oder wenn in den letzten Jahren im Kosovo ein Polizist aus dem Hinterhalt

abgeknallt worden ist, wurde der zum serbischen Schlächter. Ich möchte einmal sehen, wie das ist, wenn in Kentucky ein Polizist von einem Eskimo oder einem Österreicher ermordet wird. Dem ist die Giftspritze sicher.

Man hat Ihnen nachgesagt, die Bombardierung eines Autowerks über das Schicksal von Vertriebenen zu stellen.
Das ist nicht einfach ein Autowerk bei Kragujevac. Das ist eine Märtyrerstadt, die schlimmstverletzte im Zweiten Weltkrieg, in der Hunderte Schüler als Vergeltung für einen Partisanenangriff erschossen wurden. Dann wurde dort nach dem Krieg ein wunderschönes Werk gebaut, das industrielle Zentrum, das Herz Jugoslawiens. Und unter dem Vorwand, dass da auch Pistolen hergestellt wurden, hat die NATO dieses Werk bombardiert und einer ganzen Region die Arbeit zerstört, und dazu alle Werkzeuge. Man sagt ja: Der Mensch hat begonnen, ein Mensch zu werden, als er sich das Werkzeug angeeignet hat. Außerdem hat man dort das Heizkraftwerk zerstört, das die Haushalte von 150.000 Leuten versorgt hat. Ein weiteres Heizkraftwerk stand auf freiem Feld in Kruševac. Man sieht nur noch die Röhren, die in die Stadt führen, und man fragt sich: warum? Es wurde schon einmal zerbombt, und dann noch einmal. Ein Mönch im Kloster Studenica hat zu mir gesagt: Das ist wie die Ustascha im Zweiten Weltkrieg, als sie die Juden und Serben ermordet haben. Die kamen dann wieder, um die Leichen nochmals zu töten. – Unter diesen Killern waren übrigens viele Franziskanerpater, und man muss dem Papst immer übelnehmen, dass er den Kardinal Stepinac, der sich im Krieg gegen das Volk der Serben ausgesprochen hat, vor ein paar Monaten seliggesprochen hat. – Oder nehmen wir die Schulen. Warum zerbombt man die Schulen auf dem Land? Die Kinder Jugoslawiens gehen nicht mehr in die Schule! Es ist alles vermischt: Krieg, Kindergeburtstag, Weintrinken und Kassettenbomben, die im Gras liegen wie Fallschirme und in die Luft gehen, wenn die Kinder sie aufheben. Und warum bombt man die Brücken? Der deutsche Bombenheini sagt, man habe die Brücken in Novi Sad gebombt, weil die für den Gräuel im

138

Kosovo bestimmt waren. Aber der ist 500 Kilometer entfernt! Ich bin bereit, denen allen Zyankali zu schicken. Für mich ist das Weiße Haus nicht mehr das Weiße Haus, sondern das Herz der Finsternis, und ich schlage vor, das Oval Office zur Bombenform zu verlängern.

Und das Elend im Kosovo?
Niemand weiß, was im Kosovo passiert, denn niemand kann hinein. Was aber gewusst wird, ist das Sterben der Zivilisten in Jugoslawien. Ich höre von Massenvergewaltigungen und Vertreibungen, und es steht auch immer: Wir können das zwar nicht beweisen, aber es wird sicher bewiesen werden. Ich habe da ein sprachkritisches Formbewusstsein, das mir sagt: Etwas ist falsch. Oder dass man von den „Deportierten" spricht. Für mich ist das eine Entwertung des Judenelends. Die Flüchtlinge, da die ankommen, die Vertriebenen, sagen doch wörtlich alle das Gleiche. Muss das deshalb glaubhaft sein? Man kann den Spieß auch umdrehen und sagen: Vielleicht könnte es deshalb auch unglaubhaft sein. Im Übrigen ist die Geschichte von den gottjämmerlich von einer Grenze zur anderen Irrenden „covered", gedeckt von jedem Medium. Allerdings nicht immer in gleichem Maß. Als von der NATO nach einem weiteren „tragischen Irrtum" 72 Leute in einem Flüchtlingszug geschlachtet wurden, abgeknallt von Computertypen, dachte ich: Jetzt wird dieser Krieg doch aufhören. Nichts da. Erst hat der deutsche Zuschlagsminister gesagt, das waren die Serben, denn sie haben die Bevölkerung als Schutzschilde benutzt. Dann haben sie zugeben müssen, dass es nacktes Killen war.

Warum aber flüchten die Albaner aus dem Kosovo?
Woher soll ich das wissen? Ich vermute, dass dort eine Art allgemeiner Panik stattfindet. Ein alter serbischer Mönch aus der Nähe von Pristina hat mir erzählt, als die NATO-Bomben fielen, ist rundherum von der albanischen Seite die Beschießung der serbischen Häuser losgegangen, weil die dachten, wir unterstützen die NATO als Bodentruppen. Und da, sagt er, sei die Poli-

zei natürlich vorgegangen. Das Kosovo war in den ersten Tagen neben Belgrad und Novi Sad das Bomben- und Raketenziel. All das greift mit Psychose und Angst ineinander. Und warum soll man nicht auch sagen, was sich jeder vernünftig denkende Mensch vorstellen kann: dass die Bomben den Exodus verursacht haben? Und wer kann der Polizei und Armee eines Staates verdenken, dass sie gegen eine terroristische Organisation losgehen? Ich möchte einmal sehen, ob da ein anderer Staat auf Erden sich nicht ebenso verhält. Übrigens gibt es ja auch serbische Kosovo-Flüchtlinge. Man sollte vielleicht versuchen, auf den Karten den vierten Pfeil in Richtung Serbien hinzuzufügen, unter all diesen panisch von Grenze zu Grenze Irrenden. Vielleicht fügt auch jemand hinzu, wie viele Albaner friedlich in Belgrad leben. Aber es genügt, dass der Kiosk eines Albaners angerempelt wird, und es steht in allen Zeitungen der Welt. Als vor drei Jahren in Belgrad ein Zigeunerjunge von Skinheads erschlagen wurde, war das der „New York Times" sechs Spalten wert. Aber wenn es ein Land gibt, in dem sich die Zigeuner geschützt fühlen, ist das Serbien. Und dann kommen solche Pressemeldungen aus den USA, wo täglich Menschen hingerichtet werden. Ich weiß nicht, ob in Belgrad in den letzten 20 Jahren jemand hingerichtet wurde. Natürlich gibt es in Serbien Dinge, die man kritisieren kann. Aber ich bin dort immer Gast gewesen und kein Journalist, der hingeht, um zu kritisieren. Natürlich werden auch dort, wie bei uns, viele Politiker nur an Machtspielen Interesse haben. Nicht einmal an Macht, denn die ist heute von Personen nicht mehr abhängig, nur noch von Sachzwängen, Apparaturen und Waffen. Die meisten Politiker kommen mir wie Traumtänzer auf den Trampolinen der Macht vor. Sie bedienen nur noch die Vernichtungsmaschinen der Macht.

Fühlen Sie sich mit Ihrem Engagement nicht sehr einsam?
Ich bin einsam, und daher ist es auch lächerlich, was ich sage. Das ist ein physikalisches Gesetz: Wenn tausend Leute immer dasselbe sagen, und dann kommt einer und sagt, ich habe etwas anderes erlebt, dann wird der lächerlich sein. Aber es beschäftigt

mich fast ununterbrochen. Die Bombennacht in Belgrad vor unserer Heimreise war furchtbar. Es zittert einem noch am Morgen alles nach. Aber als wir dieses arme, gemarterte Volk verlassen haben, war schon an der ungarischen Grenze der Gedanke da: Wie konnte ich die verlassen?

Wie erlebt man denn den Abwurf einer Bombe?
Es ist, als stünden Sie in einem Trockengewitter, knapp bevor es beginnt. Es ist diesig und schwül, und auf einmal geht der Donner los. Die Luft wird ein bisschen heller, und zugleich geht dieser Knall los, der fünf Kilometer von Ihnen einschlägt und den Sie doch unmittelbar durch Ihren Körper gehen fühlen, durch den Kopf und das Herz, herzzerreißend. Er ist messerscharf, und zugleich erfüllt er den ganzen Raum. Man fühlt sich getroffen, obwohl man nicht getroffen wurde. Natürlich sagen die Journalisten: Was ist das gegen die Toten im Kosovo? Aber ich will Menschen nicht aufrechnen. Ich will nicht wissen, wie viele Ärmste der ärmsten Menschen in Serbien von den Gutmenschen der NATO ermordet worden sind. Und was allein dieser Knall für ein Kind bedeutet. Jeder, der nur ein bisschen denkt, weiß, dass dieser Krieg gegen jedes Recht losgegangen ist. Ich kann auch das Wort Ethik nicht mehr aushalten. Es ist ein anderes Wort für Willkür geworden. Sogar gewissenhafte Denker wie Jürgen Habermas kommen plötzlich mit Adverbien, wo man spürt, dass sie überhaupt nichts mehr denken. „Zweifellos moralisch berechtigter Angriff." Zweifellos ist das meistgebrauchte Wort der Leute, die voll von Zweifeln sind. Oder im selben Artikel: „Jugoslawien pocht neurotisch auf seine Souveränität". Ich möchte gern sehen, was geschieht, wenn einer schreibt: „Österreich pocht neurotisch auf seine Souveränität". Dieser Denker hat mit diesen zwei Adverbien sein ganzes Denkleben verfehlt.

Hatten Sie auf der Reise Angst?
Ja, einmal. Auf dem Heimweg über die Wojwodina, als wir Paramilitärs begegnet sind. Das war wie eine gläserne Zelle jenseits der Ordnungsmacht, eine Art Giftzone, wo Militär und Polizei

nicht hinkommen, wo man den Tod spürt. Da dachte ich, wenn sie uns jetzt aufhalten, ist es vorbei. Ich habe an die Illegalität der Armee und der Polizei im Kosovo nie geglaubt. Aber von diesen sogenannt paramilitärischen Typen – falscher Ausdruck, denn sie sind nicht neben dem Militär da, von diesem auch kaum überwachbar, siehe „Machtvakuum" – kann ich mir vorstellen, dass sie Verbrechen begehen. Und ich bin davon überzeugt, dass die Serben daran interessiert sind, alles, was an Verbrechen auf ihrer Seite passiert ist, aufzuklären. Was der Internationale Gerichtshof macht – Menschen zu kidnappen und nach Den Haag zu bringen –, hindert eher die Jugoslawen, das eigene Recht zu sprechen. Es hindert auch die Selbstreinigung des Volkes.

Gab es auf der Reise ein Schlüsselerlebnis?
Ja, in einem Dorf bei Novi Sad. Da kam eine sehr schöne Frau auf uns zu, die mich erkannt hatte und sich bedanken wollte. Nach einigem Zögern hat sie sich zu uns gesetzt und zu erzählen begonnen. Sie ist Ärztin in einem Krankenhaus für Krebskranke jenseits der Donau in Novi Sad. Und durch die Bombenangriffe haben die kein Wasser mehr. 600 Krebskranken ist eine Zisterne geblieben. Sie können nicht mehr über die Donau und trauen sich nicht mehr, die Strahlentherapien fortzusetzen, weil ein Bombentreffer katastrophale Folgen hätte. Und so habe ich es auf meiner Fahrt durch Jugoslawien überall gesehen: übermenschlich-tierisches Leiden. Diese Ärztin, die den Tränen nahe und völlig verwirrt war, hat mich gefragt: „Was will denn die Welt mit dem jugoslawischen Volk? Sind wir denn wirklich so schuldig, dass wir vernichtet werden?" Es war wie beim Kafka'schen Angeklagten Josef K., der sich bei fortdauerndem Prozess immer schuldiger fühlt. Nur, dass jetzt dieser einzelne Angeklagte durch ein Volk ersetzt wird. Es ist etwas so katastrophal Schmutziges passiert wie seit Hitler nicht mehr. So viel nackte Böswilligkeit gegenüber Jugoslawien und Serbien, dass dieser Planet für mich zerstört ist, auch, was die ethische und rechtliche Struktur betrifft. Ich habe keine Lust, von Endzeit zu reden. Aber wer soll die Instanz für diese Verbrechen sein? Wo

soll der Nürnberger Gerichtshof gegründet werden, der über das zu Gericht sitzt, was diese schrecklichen Typen, Politiker wie Journalisten, fingerhakelnd angerichtet haben? Wo soll dieser Gerichtshof etabliert werden? Auf dem Bikini-Atoll? Gegen Hitler gab es eine Staatengemeinschaft. Und jetzt? Viele in Jugoslawien antworteten auf meine Frage „Habt ihr geweint?": „Das ist so schrecklich, dass man nicht weinen kann". Und es wurden in diesem Krieg von Fotografen so viele Tränenfläschchen für Flüchtlinge gefüllt, dass ich vielleicht das an den Serben am meisten mag: dass sie nicht weinen können.

Handke too small

Und heute? Handke, damals 56, hat mit heiterer Würde den Siebziger, dann den Fünfundsiebziger passiert. Er lebt nach wie vor als einsiedlerischer Pilzsucher in Chaville, schreibt seine Manuskripte nach wie vor mit Bleistift in Notizbücher und unternimmt nach wie vor lange Wanderungen durch das zerstörte Serbien, das an seinen Wunden nach wie vor laboriert. Ausgangsstation dieser Expeditionen ist zunehmend die alte Heimat, obwohl der frühere Bundespräsident Heinz Fischer daran gescheitert ist, für Handke wenigstens ein österreichisches Zweitdomizil ausfindig zu machen.

So kann diesem ernsten, schweren Kapitel ein skurriles Postskriptum angefügt werden: Im Sommer 2017 erheiterte sich die zivilisierte Welt über das Ansinnen der Kärntner Landesregierung, Handke für seine nicht zu übersehenden Verdienste den Landesorden in Silber auszuhändigen. Wäre diesfalls nicht Gold ins Auge zu fassen gewesen? Die gekränkte Antwort der in ihren Absichten schwer missverstandenen Behörde war so einfach wie verblüffend: Der goldene sei Politikern vorbehalten, wobei er Landeshauptleuten und Landtagspräsidenten unaufgefordert zugestellt werde.

Dieser bemerkenswert direkte Verweis auf den wahren Wohnort Gottes warf Fragen auf. Ein Orden exklusiv für Politiker ist ja nicht nur – aber schon auch – in Kärnten mit Risiken verbunden; man denke an Ordensträger Alt-Landeshauptmann Gerhard Dörfler (FPÖ/BZÖ/FPK, acht Monate bedingt wegen Vorteilsnahme). Kann also der Kärntner Landesorden in Gold auch teilbedingt verhängt werden? Wird er eventuell als Fußfesselmodell angeboten? Ist die Unschuldsvermutung Festbestandteil des Urkundentextes? Und dann die Ausnahmen: Welcher heimtückische Widersacher hat Udo Jürgens, Franz Klammer und dem Dalai Lama dieses explosive Requisit in die Schuhe – bzw. die Sandalen – geschoben? Und weshalb dann nicht Handke in die Wanderschuhe?

Das Dunkel lichtete sich etwas, als man erfuhr, dass auch Hubert Gorbach Ordensträger ist. Der Vizekanzler der Koalition Schüssel-Haider entfaltete sein bis dahin unauffälliges Können erst nach der Amtszeit. Er profilierte sich als Satiriker weltliterarischen Formats, als er anno 2007 beim falsch geschriebenen britischen Außenminister Alistair Darling in gebrochenem Englisch um die Vermittlung windiger Lobbyistengeschäfte einkam. „The world in Vorarlberg is too small", ließ er brieflich den „lieben Alistar" wissen, um dann zur Sache zu gelangen: „If you know about any area of operation for myself, where I am able to intend all my experiences and my know-how, please let me know, I am available anytime for further information."

Obwohl der liebe Alistar bloß indirekt – nämlich über die fassungslos entzückte Medienwelt – antwortete, ist Gorbach damals in der Unsterblichkeit eingetroffen. Das muss Handke erst einmal vorlegen.

Die Staatsfeindin

Allein im Olymp. Elfriede Jelinek, lebenslang unkorrekt

Es kommt nicht oft vor, dass man den Beginn einer Freundschaft auf Tag und Ort terminisieren kann. Diesfalls ist es möglich: Am 16. September 1979 traf einander alles, was in der Wiener Kultur Rang und Namen beanspruchte, in den Wiener Sophiensälen zum Fest mit dem ungelenken Titel „Rettet Club 2". Dem gleichnamigen ORF-Diskussionsformat drohte nach einer gut gelaunten Masturbationsperformance der Sängerin Nina Hagen die Abschaffung. Dagegen demonstrierte unter anderen der Kritikerpapst Hans Weigel, der mich, den sehr jungen Berichterstatter der „Arbeiterzeitung", am Arm zu einer in japanischem Leder verpuppten, unnahbaren Schönheit zog: „Schau'n Sie, wie gut die Jelinek wieder aussieht!"

Wenig später überließ sie mir das Manuskript des Romans „Die Ausgesperrten" über ein mordendes Pubertätsgenie. Mein begeisterter Vorbericht brachte mir redaktionsintern keine Gutpunkte: Eine Kommunistin habe im sozialdemokratischen Parteiorgan keinen Platz, zeterten die reaktionären Alten, und die Jungen frohlockten nur verhalten. Seither haben wir einander nie mehr aus den Augen verloren. Trat Elfriede Jelinek auf dem Fest der kommunistischen „Volksstimme" auf, hütete ich im Elternhaus an der Hütteldorfer Peripherie die Hündin Wutzl, die nicht allein bleiben wollte, aber im Gewühl von Panikattacken bedrängt wurde. Elfriede Jelineks Mutter, die im Werk der Tochter mit glühender Hassliebe verewigt ist, war zu dieser Jahreszeit immer auf Kur. Aber einmal habe ich sie gesehen, wenn auch nur in Gestalt ihres Rocksaums, als sie vor dem Besucher gespensterhaft in den ersten Stock entwich.

1985 sah „Burgtheater", Elfriede Jelineks Posse über die Nazi-Konnotationen der Familie Wessely-Hörbiger, in Bonn einer zunächst wenig beachteten Uraufführung entgegen. Ich druckte, mittlerweile im Enthüllungsmagazin „Basta" tätig, Textpassagen ab und kreierte damit im Tumult die Staatsfeindin Jelinek. Ich habe das oft bereut, aber es konnte nicht anders kommen. Damals begriff ich die qualvolle Spannung, in der Elfriede Jelinek lebt: Ihr Abscheu vor jeder Art Zurschaustellung kollidiert mit ihrer Wut auf die politischen und sozialen Verhältnisse. Sie fühlt die altmodisch ehrenhafte Verpflichtung, einzugreifen. Doch damit provoziert sie bis zum Äußersten den österreichischen Spießer, dessen natürliches Feindbild sie verkörpert. Klar, dass das vom Empörungsgenie Claus Peymann geleitete Burgtheater für Jahre Schauplatz teuer bezahlter Triumphe wurde: Elfriede Jelineks Entsetzen vor dem selbst verursachten Hass wuchs. Das Kindheitstrauma des klinisch geisteskranken Vaters nahm bedrohliche Ausmaße an.

Die Situation eskalierte, als ihr 2004 der Nobelpreis zuerkannt wurde.

Am Tag der Bekanntgabe verbarrikadierte sie sich in ihrem Haus, über dem an Wochenenden die Brüllchöre vom nahen Hanappi-Stadion zusammenschlagen. Draußen machten Paparazzi und Kamerateams die schmale Straße unbefahrbar. Sogar der kolumbianische Rundfunk begehrte Einlass. Als ich der Gefeierten einen Blumenstrauß durch den Türspalt schob, sah ich ihr gehetztes, triumphierendes Gesicht. Was folgte, hatte sich niemand vorstellen können: Der patriotische Reflex setzte nicht ein, man gönnte ihr in Österreich den Preis nicht. Auch die deutsche Feuilleton-Schickeria erbrach sich in Häme. Der wenig später an die Luft gesetzte Kulturchef des „Spiegel" pöbelte mit sexuellen Anzüglichkeiten, und man kondolierte den amerikanischen Dauerkandidaten, die als Opfer einer Quotenentscheidung um den Preis betrogen worden wären.

Denn das ist vielleicht das Faszinierendste an Elfriede Jelinek, von der man doch sagen könnte, sie sei das Faszinierende in Person: dass sie, ohne Ansehen der Person, des Geschlechts, der Religion oder der Weltanschauung, jedem die Chance gibt, an ihr zu versagen. So blieb auch der frühere Salzburger Festspiel-Intendant Gérard Mortier einsilbig, als er zum Nobelpreis befragt wurde. Das, so Mortier knapp, sei „eine Ohrfeige für Haider". Allerdings nicht nur für ihn: Errötenmachende vier Monate zuvor hatte Mortier in seiner Eigenschaft als Intendant der Pariser Oper die Auftragsoper „Der Fall Hans W." von Olga Neuwirth abgesagt. Anlass war das Libretto von Elfriede Jelinek über den Klagenfurter Kinderarzt, Päderasten und Mörder Franz Wurst.

Gérard Mortier und Elfriede Jelinek wurden unzählige Male von denselben Parteien, Zeitungen und Personen beleidigt. Die Jelinek war während der Ära Mortier Artist in Residence der Salzburger Festspiele gewesen. Doch Elfriede Jelinek ist damit gesegnet und verflucht, Menschen im Innersten zu treffen und zu empören und damit Reflexe zu entfesseln, die sich der Kontrolle der Vernunft entziehen.

Oder der Satiriker Werner Schneyder, ein Mann von auch weltanschaulichem Gardemaß. Die Jelinek, ließ er beharrlich und unter Niveau wissen, habe „ein großes Problem: Sie rechnet ihre persönlichen, vor allem sexuellen Probleme gesellschaftspolitisch hoch". Selbst Jörg Haider, sonst stets als Erster mit dem Blumenstrauß beim jeweiligen Nationalhelden der Stunde vorstellig, kapitulierte vor der Herausforderung der eingesprungenen Jelinek-Umhalsung. Ihn hatte sie früh als Übel erkannt und mittels strategischer Griffe an die Weichteile drangsaliert. Wieder und wieder hatte sie über den „homoerotischen Männerbund" der Buberlpartie gemutmaßt. Haider aber antwortete kühl: Er fände es unpassend, der Feindin in der Stunde ihres größten Erfolgs zu gratulieren.

So blieb ihr die befürchtete Blitzrückgemeindung erspart. Staatsfeinde wie der Dichter Thomas Bernhard und der Bildhauer Alfred Hrdlicka waren in ihren barocken Empörungsinszenierungen prototypische Österreicher. Elfriede Jelinek aber ist der Feind in Person, weil sie das inbegriffliche Gegenteil aller österreichischen Nationaleigenschaften ist. Sie ist unprovinziell, links, heimatlos, feministisch, elegant, ein Widerspruch statt einer Definition. Sie trug schon Yamamoto, Helmut Lang und Prada, als sie noch Kommunistin war. Mode, so sagt sie, sei die Antithese zum „nazihaften Trachten- und Lederhosenmief". Sie verabscheut den Sport so, dass sie ihm ein Meisterwerk („Sport-stück", inspiriert durch die Brüllchöre aus dem Weststadion, ur-aufgeführt 1998 am Burgtheater) zugeeignet hat. Doch sie wür-digte auf Medien-Ersuchen auch Hermann Maier und Arnold Schwarzenegger. Das weckte nicht etwa die Sympathie, sondern die Wut der Maier- und Schwarzenegger-Klientel, die das Ge-genteil erwartet hatte und sich in der Lächerlichkeitsfalle wähn-te. Sie ist die Todfeindin aller Banalität und filtert ihr Werk den-noch (und deshalb) aus endlosem Fernsehkonsum. Sie suchte nach der weiblichen Sprache für das Obszöne, rechnete sexuelle Unterdrückung auf faschistoide Grundstimmungen hoch und brach damit, sauber eines nach dem anderen, alle Tabus. Klaus-trophobische Panikattacken treiben sie aus der Öffentlichkeit, die bis zur Weißglut zu reizen sie gleichwohl nicht müde wird.

Ihr früheres Leben verbrachte sie in hasserfüllter Liebe mit der Mutter. Olga Jelinek, die 2001 starb, war eine Autorität, die in den Romanen und Theaterstücken der Tochter zu monströ-ser Überlebensgröße wächst. Ihr dankt Elfriede Jelinek, dass sie etwas geworden ist, womit sie nichts anfangen kann, nämlich fast diplomierte Organistin und Komponistin. Ein Nervenzu-sammenbruch, an dessen Folgen sie ein Jahr lang laborierte, ist als exemplarisch gescheiterter Fluchtversuch zu werten: Sie ver-brachte das Jahr in gänzlicher Isolation daheim, bei der Mutter.

Elfriede Jelinek ist das Resultat einer explosiven Mischung: hier die überdominante katholische Mutter (über deren jüdische Wurzeln die Tochter spät wie über eine groteske Lebenspointe informiert wurde); dort der Vater, ein jüdischer Chemiker, der 1972 in geistiger Umnachtung starb.

Elfriede Jelinek schreibt seit 1967. Seit damals wird sie, in aller Umstrittenheit auch bei der Kritik, verwöhnt wie fast niemand sonst. Seit 1969 wurden ihr 22 zum Teil höchstklassige Preise ausgehändigt. Nach der Jahrtausendwende verdichtete sich das Aufkommen derart, dass der Nobelpreis zumindest im Rück-blick hochzurechnen gewesen wäre. Als sich der tatsächlich ein-stellte, war es auch mit den Besuchen im (unter Qualen per U4 erreichten) Café Korb vorbei. Sie reiste eilig nach München ab.

Dort lebt Gottfried, der Ehemann, ein Computerspezialist. Man ist seit 1974 verheiratet, lebte nie zusammen und besucht einander häufig. So bleibt die Ehe wohlauf.

Viele haben sich seither über sie geäußert, doch wurde an ihrem Beispiel auch klar, dass man bekannt und ungelesen sein kann: Auf der Frankfurter Buchmesse 2004 kapitulierte der Rowohlt-Verlag vor der Herausforderung, ein einziges ausstellbares Buch der Nobelpreisträgerin beizubringen.

Dafür erhöhte der Preis den Druck, mit der neu gewonnenen Autorität wider das Böse und Ungerechte aufzutreten. Sie entledigte sich dieser Verpflichtungen auf dem Weg des politischen Theaters, und da wendete sich das Blatt. Die fast interpunktionslosen Textflächen in ihrer wutglühenden Virtuosität wurden zum idealen Spielmaterial des postdramatischen Theaters. Heute ist die Jelinek eine der einflussreichsten und sprachraumweit meistgespielten Dramatikerinnen. Und die nämlichen Kretins, die ihr den Preis damals gellend missgönnten, desavouieren nun in Jelineks Namen jeden, der sich traditioneller Theatertechniken bedient.

Jelinek mal 70

Zu Elfriede Jelineks 70. Geburtstag am 20. Oktober 2016 veröffentlichten meine Kollegin Susanne Zobl und ich im Wochenmagazin „News" ebenso viele Zitate aus fünf Jahrzehnten Jelinek'schen Schaffens: ein scharf konturiertes Selbstporträt in verbindlich alter Rechtschreibung.

1 „doch ihr ihr kannibalen ihr werdet mir bezahlen dafür mein dicker grüner liebling ist ein sehr hohes tier bei der partei" *1965. Gedicht „Chanson für meinen toten geliebten"*

2 „mißtrauisch. kontaktarm" *1967.* „Über mich"

3 „ich bin punkt a einer beliebigen strecke oder besser ein

punkt a auf einer geraden den beginn einer strecke hin-
hockend deren ende punkt b du bist c auf der genau pa-
rallel liegenden metallgeräte deine wurzel zittert" *1968.
Prosatext „Wettlauf"*

4 „zeichen der nacht & des roten motorrads blutender
muskel der tropfend unsre abend fleischige stengel ver-
wuchert auch er zeichen von finsterkeit" *1969. Gedicht
„Unser Motorrad"*

5 „Pop ist gut" *1969 im „Kurier"*

6 „meine literatur wird heiß werden müssen wie eine ex-
plosion wie ein rauchpilz wird das sein. Wie napalm."
1970. Sammelband „Grenzverschiebungen"

7 „manchmal heiraten diese frauen oder sie gehen sonstwie
zugrunde" *1975. Roman „Die Liebhaberinnen"*

8 „Darum bin ich mit 18 Jahren zusammengeklappt. Da
war ich ein Jahr krank. Ich hatte eine Angstneurose und
konnte nirgends alleine hingehen. Da begann ich intensiv
zu schreiben." *1971. Interview: Marie-Thérèse Kerschbau-
mer*

9 „Andererseits habe ich in der Partei die Erfahrung gemacht, daß organisierte Arbeiter wesentlich mehr lesen als andere und kulturell interessiert sind." *1976 im
KPÖ-Organ „Volksstimme"*

10 „Mit der Pistole geht Rainer zu seiner Schwester hinü-
ber, welche die ganze Nacht hinter der dünnen, künstlich
eingezogenen Trennwand gleich neben ihm geschlafen
hat, und das noch immer voller Vertrauen tut. Er schießt
Anna aus kürzester Entfernung in den Kopf hinein, wobei er ihr das Stirnbein zerschmettert, sie aber nur in eine

Bewußtlosigkeit versenkt, die augenblicklich eintritt." *1980. Roman „Die Ausgesperrten"*

11 „Mein Gehirn ist seltsam, es speichert nur die negativen Dinge. Es ist mit Haß getränkt wie mit Kieselsäure." *1983 in „Brigitte"*

12 „Sie hält die Alltagstrivialität von mir fern. Und so bin ich irgendwie in einem ewigen Kind-Status." *1985 in „Cosmopolitan" über die Mutter*

13 „Eine Mutter hat man nur einmal. Sehet her! (Sie reißt sich ihren Halsausschnitt auf, ein goldenes Hakenkreuzerl an einer Kette kommt zum Vorschein:) Ihr könnt mich schänden, ihr könnt mich pfänden! An dem Kraizerl do werds eich verbrennen! Muttererde!" *1985. Theaterstück „Burgtheater". Paula Wessely will die einmarschierenden Russen mit dem Hakenkreuz exorzieren.*

14 „Das Land ist klein aber mein, und seine Künstler dürfen in ihm wohnen, falls man sie läßt. Denn in Österreich wird kritischen Künstlern die Emigration nicht nur empfohlen, sie werden auch tatsächlich vertrieben." *1986. Rede zur Verleihung des Böll-Preises*

15 „Ich funktioniere nur im Beschreiben von Wut." *1986 im KPÖ-Organ „Volksstimme"*

16 „Frauen müssen Herrinnen sein mit breiten Schultern. Was ich auch besitze, hat zehn Kilo Schaumgummi in den Schultern." *1987 in „Vogue"*

17 „Ich will nicht aus mir ein anderes Wesen unter Qualen herauspressen, um das ich mich dann noch kümmern muß." *1989 in „Basta" über Kinderlosigkeit*

18 „Dieser Mann ist bis zum heutigen Tag wie ein faules Ei, das niemand in die Nähe seiner Nase bringen will." *1989 in „Basta" über Kurt Waldheim*

19 „Ich mag Männer nicht, aber ich bin sexuell auf sie angewiesen." *1989 in „profil"*

20 „Alles soll ewig sein und noch dazu oft wiederholt werden können, so sprechen die Männer und zerren an den Zügeln, die einst liebevoll ihre Mama gehalten hat." *1989. Aus dem Roman „Lust"*

21 „Ich war als Mädchen sehr katholisch und bin dann nahtlos zum Kommunismus konvertiert. Nichts dazwischen kam für mich in Frage. Wenn schon, dann aber richtig. Es war ein Akt der Unterwerfung." *1990 in „Elle"*

22 „Ich stehe nach wie vor auf der richtigen Seite, aber sie ist die Seite der Verlierer." *1990 in „Basta" zum Ende der Sowjetunion*

23 „Wenn Haider Bundeskanzler wird, kann ich mir einen Anschluß Österreichs vorstellen. Dann wird man wohl zur guten alten Tradition des Untergrundkampfes mit der Waffe zurückkehren." *1990 in „Basta"*

24 „Nein, also einen Schwanz möchte ich noch weniger haben. Am liebsten hätte ich gar nichts. Engel haben ja auch keine Genitalien. Ein körperloses Wesen möchte ich sein oder verbrennen wie ein Stück Seidenpapier." *1990 in „Die Zeit"*

25 „Ich lebe vollkommen zurückgezogen, gehe tagelang nicht aus dem Haus. Manchmal sehe ich mir die ‚Seitenblicke' an – um mich zu vergewissern, daß ich nichts versäume." *1992 in „News"*

26 „Wenn sich an der Menschheit und ihrer Einstellung zur Frau nichts ändert – und davon sind wir ja noch Jahrhunderte entfernt –, dann soll besser alles krepieren." *1993 in „News"*

27 „Wir leben in der Welt der Berlusconis, der primitiven und glatten Bilder, die auch noch über das Privateste, auch über die Sexualität, die Herrschaft übernommen haben." *1994 in „News" zum Stück „Raststätte"*

28 „Die Erde wird blau vor Kälte, aber jetzt noch nicht. Feuervergoldete Jugend, unser einziger Trumpf, wird in den Boutiquen und Sportgeschäften ausgespielt, er sticht, und wir Älteren, wir haben ebenfalls bereits ausgespielt." *1995. Roman „Die Kinder der Toten"*

29 „Wir leben auf einem Berg aus Blut und Knochen". *1995 in „News" zum Roman „Die Kinder der Toten"*

30 „Ich glaube, daß die Demoralisierung und Verwahrlosung der österreichischen Öffentlichkeit aufgrund der Verkommenheit der österreichischen Presse so weit fortgeschritten ist, daß ich gar keine Lust mehr habe, mich damit auseinanderzusetzen." *1996 im Magazin „Theater der Zeit" zum Stück „Stecken, Stab und Stangl"*

31 „Lugner wäre der Richtige für dieses Amt und dieses Land." *1997 in „News" zur Präsidentschaftswahl*

32 „In Österreich ist das Selbstbewußtsein immer über den Sport gekommen. Er wird wahnsinnig überschätzt, gleichzeitig verachtet man Intelligenz und Kunst." *1998 in „News" zum „Sportstück"*

153

33 „Ist die Verbeugung der englischen Königin vor Dianas Sarg Kapitulation vor jener, derer die Queen im Leben nicht Herrin werden konnte, oder Demut vor der größeren Majestät des Todes, der über alle herrscht?" *1998 in „Die Zeit" zu Dianas Tod*

34 „Er ist origineller und witziger als alle Journalisten, die ihn interviewen." *1998 in „News" über Hermann Maier*

35 „Ich habe Angst, wahnsinnig zu werden, seit mein Vater ins Irrenhaus gekommen ist." *1999 in „News"*

36 „So, jetzt steht es schön bunt, wie sich's gehört, an der Wand, das Menetekel, und was wir uns gewünscht haben: gewogen und für zu leicht befunden worden zu sein, das ist doch nett, weil wir unser Gewicht um jeden Preis halten und vielleicht sogar verbessern wollen, wir sind ja Sportler!" *1999 in „Die Zeit" zur schwarz-blauen Koalition*

37 „Ich nenne das eine Gurkentruppe, ein erbärmliches Schauspiel, wobei ich auch Grasser nicht ausnehme." *2000 in „News" zur FPÖ*

38 „Menschen, die Schutz suchen, erkennt man im Sucher sogar noch, wenn sie sich zu Boden schmeißen. Auf den Menschenteppichen rutscht niemand mehr aus, die werden jetzt eingesammelt und in den vergitterten Abfallbehälter geworfen." *2000. Roman „Gier"*

39 „Ich glaube, ganz Österreich wird bald zu dem Bild erstarren, das wir jetzt schon auf den Fremdenverkehrsprospekten abgeben." *2000 in der „Frankfurter Rundschau"*

40 „Ich erlaube Regisseuren grundsätzlich fast alles. Ich finde, diese Freiheit steht ihnen zu, und ich finde auch, daß jede dramatische Arbeit zwei Autoren hat. Der Regisseur ist bei mir gleichrangig mit dem Urheber." *2001 in „News"*

41 „Die Wessely wollte mit phallischer Zudringlichkeit in die Figuren hinein. Letztlich ein sadistischer Vorgang." *2001 in „News" über Paula Wessely zum Stück „Erlkönigin"*

42 „SPÖ. Würde die sogar dann wählen, wenn ihr Vorsitzender ein Pavian wäre." *2002. Wahlumfrage in „News"*

43 „So brutal, wie derzeit etwa mit Asylanten umgegangen wird, wundert es mich, daß es in Traiskirchen n... noch viel mehr Tote gibt." *2003 in „News"*

44 „Alles, was das Burgtheater aufregt, würde mich freuen. Wenn sich die Schweinsbraten zu sehr in ihrem Fett gemütlich machen, muß man das Haus durchputzen." *2003 in „News"*

45 „Aufmachen sollen sie die Theater, nicht zu! Nicht damit die Finsternis hineinkann, sondern damit das Licht endlich auch einmal hinaus darf." *2003 zum Aktionstag der deutschen Bühnen*

46 „Schwarzenegger ist als Gouverneur von Kalifornien bestens geeignet, er ist eine Mischung aus Kraft, Schönheit und Intelligenz und Berühmtheit. Er hat um sich ein Fleischgebirge erschaffen – wie auch immer er das zustande gebracht hat –, das sich selbst als Zentrum und Ursprung hat." *2003 in „News"*

47 „Das Leben entweicht ja überhaupt sehr leicht. Noch viel leichter, wenn man auf dem Brustkorb eines Lebenden in Bauchlage steht." *2003 auf ihrer Homepage zum Tod des Afrikaners Cheibani W. unter Polizeieinwirkung*

48 „Ich bin übernächtig davon, meiner Sprache nachzuschauen wie ein Leuchtturm aufs Meer, der jemandem heimleuchten soll und daher selber erhellt worden ist, der im sich Drehen immer etwas anderes aus dem Dunkel herausschält, das aber ohnehin da ist, ob man es nun erhellt oder nicht, es ist ein Leuchtturm, der keinem hilft, auch wenn derjenige sich das noch so sehr wünscht, um nicht im Wasser sterben zu müssen." *2004. Nobelpreisrede „Im Abseits"*

49 „Das Einzige, was ich immer wollte, ist, ernst genommen zu werden. Und das ist mir leider sogar nach diesem Preis (vielleicht sogar gerade nach diesem Preis!) nicht wirklich gelungen." *2004 in „News" zum Nobelpreis*

50 „Diese Reform war sinnlos, eine Beschäftigungstherapie für Bürokraten. Sie bedeutet eine unglaubliche Sprachverarmung." *2004 in „News" zur Reform der Rechtschreibreform*

51 „Es ist für mich immer noch undenkbar, daß man freiwillig in die Schule gehen könnte. Sie ist das Gegenteil von Leben." *2004 auf ihrer Homepage*

52 „Ich versuche, die Verhältnisse durch Sprache, z. B. durch die Wortwörtlichkeit von sprachlichen Stereotypen, zu fassen, und das tue ich wiederum, indem ich die Sprache zwinge, ihren ideologischen Charakter, also ihre Verlogenheit, auch gegen ihren Willen preiszugeben." *2005 in „News"*

53 „Es ist völlig unerheblich, wenn sich ein halbes Kind zum Militär meldet (...), vom Militär einziehen läßt, ein Halbwüchsiger, nicht einmal volljährig, eigentlich müßte man, wenn man noch könnte, die Eltern zur Verantwortung ziehen." *2006 auf ihrer Homepage über Günter Grass' Bekenntnis, bei der SS gewesen zu sein.*

54 „Nur ein paar Jahre noch und keiner wird mehr denken, wie der Revolution zu helfen wäre, nicht einmal das Wort wird kennen man." *2006 im RAF-Stück „Ulrike Maria Stuart"*

55 „In Angst leben, heißt, in sich als im Glashaus sitzen und von innen her gegen sich mit Steinen schmeißen." *2006 in „Angst 2" (Homepage)*

56 „Wie aus der Tatsache, daß man geboren ist, nicht folgt, daß man danach zu den Lebenden zählt, so folgt aus der Tatsache, daß ich in der Steiermark geboren bin, noch nicht, daß ich auch eine Steirerin bin." *2007. „Biographische Anmerkung" (Homepage)*

57 „Wenn alle etwas lesen können, dann kann es eben auch keiner. Ich schreibe den Text, aber gleichzeitig kann ich mich auch hinter ihm verstecken." *2007 in der „FAZ" zu ihrem Rückzug ins Internet*

58 „Ich bin nicht tot, aber ich empfinde mich als eine lebende Tote. Ich kann es auch nicht aushalten, angeschaut zu werden." *2008 in der „FAZ" zum Internetroman „Neid"*

59 „Wer jubeln will, soll das tun. Wer weinen und seine Fahne um die Erd hauen will, soll das tun. Wer sich zuschütten will, soll das tun. Wer das nicht will, soll es nicht tun." *2008 in „News" zur Fußball-EM*

60 „Auf den Opernball und aufs Neujahrskonzert hören, alles hören!, aber nicht auf unser Schreien." *2008. „Im Verlassenen" über die Kellerkinder von Amstetten (Homepage)*

61 „Es gibt genug Lasten (Wirtschaftskrise!), auch ohne daß zusätzlich welche eingeschleppt werden müßten, meint offenbar (zum Fall Arigona Zogaj) die Innenministerin, eine Herrin über Schottergruben und Menschen, eine Menschenfrau, eine Bestimmerin über wertes und unwertes, über gutes und schlechtes Leben." *2009 auf ihrer Homepage, als Innenministerin Maria Fekter die Ausweisung der Asylwerberin Arigona Zogaj verfügt hat.*

62 „Ich will hier nicht mehr. Ich kann den Haß nicht mehr aushalten, der mir entgegenschlägt, wenn nur irgendwo mein Name aufscheint." *2010 in „News"*

63 „Und der Herr Landeshauptmann steht jetzt vor Gott, der ist im Nichts, er sagt uns nicht mehr, wo es langgeht. So gehen wir halt in fremde Heime hinein. Aber das kennt er noch von früher, der Jörg, denn so hat das Land unter seiner Aufsicht, die ohne jede Vorsicht stattfand, denn so war er eben, ein Draufgänger!, ja gewirtschaftet, als ob Geld das Nichts wäre, in dem alles verschwindet, am Ende das Geld selbst." *2010 auf ihrer Homepage zum Brand in einem Kärntner Flüchtlingsheim*

64 „Ich beschreibe die Reise im Stillstand. Aber es ist alles Stillstand, auch wenn sich die Menschen scheinbar bewegen." *2011. Rede zum Mülheimer Dramatikerpreis*

65 „Wir sind ja viele, aber gleichzeitig wenige, wir sind das Rinnsal, das später dann aus dem Tiefkühlwagen rinnt, wenn wir endlich erfroren sind." *2013. Flüchtlingsstück „Die Schutzbefohlenen"*

66 „Alles, was gelesen werden kann, muß auch gelesen werden, sonst wird es immer jemand geben, der glaubt, einem das Wort verbieten zu können." *2014 in „News" zur Abschaffung des Literaturunterrichts*

67 „Ich würde sagen, daß das Weibliche nichts zählt, außer es ist schön, jung und glatt. Durch Leistung kann die Frau ihren Wert nicht erhöhen, das kann nur der Mann." *2015 in „News"*

68 „Wir verteilen Todeskämpfe, wir schauen in die Augen von Kindern oder ehemaligen Kindern, wir hören, wie sie nach Mutter und Vater rufen, wir hören nichts, und wir sind ja schließlich auch nicht ihre Mütter und Väter, wir schließen ihr Buch, wir löschen ihre Linie aus, ihre Spur, ihr Denken, und wir setzen uns an ihre Stelle in diesem Gewühl der Drachenzähne, aus denen wir entsprungen sind." *2016. „Wut", Theaterstück über die Terroranschläge von Paris*

69 „Ja, die Gefangenen müssen verfallen, weil sie leben wollen, das ist Grund genug für einen absoluten Herrscher, der sich aus der Demokratie geboren nennt. Aus dem Arsch eines Putsches ist er gezogen worden, und er hat sich durchgesetzt." *2016 auf ihrer Homepage über die in der Türkei verhaftete Schriftstellerin Aslı Erdoğan*

70 „Ich ignoriere meinen Geburtstag, bin auch das Feiern nicht gewöhnt, seit meiner Kindheit feiere ich keine Geburtstage mehr und auch damals nicht lang. Für meine Mutter hat ein Geburtstag nicht gezählt, nur Leistung. Und für meinen Vater hat ohnehin gar nichts mehr gezählt. – Ich hab wirklich nachgedacht, lieber Heinz, was die Quintessenz meines Lebens sein könnte. Hier ist sie: Ich verstehe nichts mehr. Und am wenigsten verstehe ich mein Smartphone. Ich fürchte mich vor ihm. Aber ich fürchte mich vor allem andren auch." *Oktober 2016, auf „News"-Anfrage*

Das Elend mit dem Literaturnobelpreis

Als sich nach der Entscheidung für Elfriede Jelinek der in anderer Eigenschaft irrelevante Juror Knut Ahnlund von der Schwedischen Akademie beurlaubte (verlassen durfte er sie statutengemäß erst mit seinem Ableben am 28. November 2012): Da wurden die Probleme dieses gellend überforderten Gremiums offenbar wie selten zuvor. Bis vor Kurzem amtierten dort 18, die selbst im diagnostizierten Fall seniler Zanksucht zu lebenslanger Amtsinhaberschaft verdammt waren. Provinz-Emeriti aus der regionalen Geisteswissenschaft gesellten sich zu dichtenden Lokalgrößen (die literarischen Serienschlächter, mit denen Schweden international reüssiert, sind leider weder aktiv noch passiv Nobelpreis-kompatibel). Also berief man 1992 die Lyrikerin Katarina Frostenson, und wer sich darob für ihr Schaffen interessierte, stieß auf ein Werk von gähnender Verwechselbarkeit. Ab Dezember 2017 aber gelangte die Dame im Gefolge pikanter Enthüllungen zügig zu Weltruhm. Nicht genug, dass sie ihrem Gatten, einem windigen französischen Fotografen, semikorruptive Zuwendungen verschafft hatte: Der Mann ist auch noch ein Seriengreifer, der nicht einmal vor der allerhöchsten Kehrseite der schwedischen Prinzessin Victoria haltmachte.

Die Invasion des königlichen Poheitsgebiets erfolgte schon „Anfang der Nullerjahre" anlässlich einer Arbeitsaudienz. Ruchbar wurde sie allerdings erst im Rahmen der #MeToo-Bewegung, deren Umbenennung in #LeiLei bzw. #HeLau nun unmittelbar bevorstehen dürfte. Warum man den Trottel damals nicht diskret vor die Tür in den Tatsch-Mahal beförderte? Aus Personalmangel? Das ist ungeklärt wie der genaue Tatzeitpunkt.

Jedenfalls erklärten sich im Zuge der Aufarbeitung der Affäre retrospektiv diverse biografische Auffälligkeiten: Absolvierte Prinzessin Victoria doch 2003 plötzlich „eine militärische Grundausbildung", nachdem sie zuvor an zwei Universitäten standesgemäßem Müßiggang gefrönt hatte. Auch die überstürzte Ehe mit Fitnesstrainer W(r)estling (eine Freud'sche Namensverschiebung?) mag posttraumatisch motiviert sein. Um 2012 dürften die verzweifelten Anstrengungen des königlichen Kriseninterventionsteams dann endlich gegriffen haben: „Victoria kann wieder lachen!", atmete laut Archiv das gut informierte Periodikum „Frau mit Herz" auf.

Und jetzt? Die Welt wurde Zeugin sexuell motivierter Greiferattacken Donald Trumps auf den jungen Kollegen Macron bei dessen Antrittsbesuch in Washington. Kocht ihm Gattin Brigitte jetzt Kakao, wenn er im Élysée-Palast schreiend aus dem Schlaf fährt? Und was verschwieg Kanzlerin Ändschela nach dem Kurzbesuch im Weißen Haus? Fragen, die uns bewegt haben.

Die Groteske entgleist in den Wahnsinn, vergegenwärtigt man sich die überzogenen Konsequenzen: Vorrangig wegen der unkontrollierten Ausschläge des Arnault'schen Pendels wurde der Literaturnobelpreis für ein Jahr ausgesetzt und mancherorts zur Gänze infrage gestellt. Seine Auflösung (und die des Friedensnobelpreises) im Gefolge jahrelangen Ehrverlustes forderte schon vor Längerem Peter Handke.

Doch dieser Weg wäre der falsche: Der Preis bringt der Literatur Branchengrenzen überschreitende Aufmerksamkeit, die sie in diesen Zeiten dringend benötigt, und die derzeit 851.000 Euro können in einen Dichter selbst bei eklatanter Fehlentscheidung nie ganz fehlinvestiert sein. Das unterscheidet den Literatur- vom Friedensnobelpreis: Jassir Arafat, der vor einem halben Jahrhundert den IS skizziert hat, oder die heute den Genozid in Myanmar verantwortende Aung San Suu Kyi hätte man besser nicht vorfinanziert.

Im Fall des Literaturnobelpreises aber ist Genesung möglich. Rasch anzugehen wäre dabei die – einer Erlösung gleichkommende – Entlassung der Schwedischen Akademie. Ersetzt werden sollte sie durch ein Gremium nach Art der Oscar-Academy, bestehend aus sämtlichen lebenden Preisträgern und führenden Literaturwissenschaftern mehrerer Kulturkreise. Nur die Literaturkritiker sollten „außen vor" bleiben (um einmal eine der dümmsten neugroßdeutschen Schöpfungen zu Wort kommen zu lassen): Sonst müsste man die Mitglieder der Schwedischen Akademie binnen weniger Jahre noch aus der Grube ins Amt zurückbitten.

Rettet die Literatur!

Maximalpigmentiert. Die „Neger"-Debatte

Danielle Spera, Direktorin des Jüdischen Museums in Wien, erinnert sich noch an den Schrecken, als „Jude" wieder zum Schimpfwort wurde. Nicht 1938, da war, gottlob, die Gnade der späten Geburt davor. Sondern Mitte der Achtzigerjahre, als im Gefolge der Waldheim-Debatte die Juden plötzlich in guter Absicht „jüdische Mitbürger" genannt wurden. So, als wären sie infektiös erkrankt und mit sterilen Handschuhen anzufassen. Heute sind Juden wieder Juden und Jüdinnen wieder Jüdinnen. „Jüdische Mitbürger" sagen tendenziell eher diejenigen, die in ihren Köpfen etwas zu verbergen haben und es nicht herauslassen wollen.

„Negro", auch: „nero", ist italienisch und heißt „schwarz". Wann es zum Schimpf erklärt wurde, schwarz zu sein, ist nicht geklärt. Irgendwann in den mittleren Siebzigerjahren jedenfalls wurden Schwarze zu linguistischen Karikaturen (wie heute auch die mit dem Binnen-I rituell gepfählten berufstätigen Frauen): von „farbig" über „schwarz" bis zu den obwaltenden Monstrositäten. Man fühlt sich an den Nigerianer Angelo Soliman erinnert, der es wegen seiner intellektuellen Fähigkeiten an den Wiener Hof schaffte, posthum aber präpariert und ins Kaiserliche Naturalienkabinett verbracht wurde. Das war 1796, und heute ist es also wieder so weit, dass sich ein Nigerianer als „Mitbürger mit nigerianisch-schwarzafrikanischem Migrationshintergrund" – also eine Art Ungeheuer – ausstellen lassen muss. Ob er selbst das wünscht, dürfte nicht das Problem sein. Die Entscheidung wurde ihm von Korrektheitskommissären meist amerikanischer Provenienz abgenommen. Vergleichbares gilt für die Zigeuner, die in der gesamten Literatur- und Musikgeschichte für Freiheit, Stolz und Diskriminierungsresistenz stehen.

Um nun Missverständnissen vorzubeugen: „Neger" geht nicht mehr. Käme es meinen Töchtern in den Sinn, das Wort zu gebrauchen, ich würde ihnen untypisch ultimativ abraten. Sprache ändert sich, und das ist zu akzeptieren. Aber Trägheit oder Unfähigkeit, seinen Kindern etwas zu erklären, legitimieren keine Zensur an literarischen Werken.

Vergiftet wurde das an sich praktikable und neutrale Wort in den USA, die bekanntlich das Mutterland der Korrektheit sind. Weshalb dort auch das (hierorts unbekannte) Schandwort „Nigger" bis weit ins 20. Jahrhundert im Gebrauch war. So wie de facto auch die hierorts schon anlässlich des Wiener Kongresses 1814/15 abgeschaffte Sklaverei.

Auch „Mohr" (ital. „braun") geht nicht mehr: Deshalb wird im ÖBB-eigenen Speisewagen – ernstlich – „Othello im Hemd" angeboten, um privatarmistischen Korrektheitsausrückungen vorzubeugen. Nur nützt das nichts, denn mittlerweile ist auch Shakespeares Othello in die Bredouille geraten und soll tunlichst nicht mehr von schwarz geschminkten Schauspielern verkörpert werden.

Der große Brite befindet sich damit in ehrenvoller Kumpanei mit dem unbeirrbaren Anarchisten Jean Genet, den es vor wenigen Jahren unverschuldet zu den Bösen verschlug. Womit eine lautstarke Debatte ihren Anfang nahm.

Der alte Genet war ein wilder Hund. 1910 als Sohn einer Prostituierten in Paris geboren, wurde er früh straffällig, verdingte sich als Stricher, wurde mit 18 wegen praktizierter Homosexualität aus der Fremdenlegion gefeuert und nach zehn Vorstrafen zu lebenslangem Kerker verurteilt. Jean Cocteau und Jean-Paul Sartre erkannten hinter seinen im Gefängnis geschriebenen Texten das Genie und baten ihn frei. Jean Genet wurde ein finsterer Engel der Literaturgeschichte, RAF-Sympathisant, anti-israelischer Aktivist, von den USA wegen sexueller Verirrungen mit Einreiseverbot belegt, von der Deutschen Prüfstelle jugendgefährdender Schriften beargwöhnt. Sein letzter Lebensgefährte war der Marokkaner Mohammed El Katrani. Jean Genet starb am 15. April 1986 in Paris an Kehlkopfkrebs.

Ein Vorzeigerassist, mit einem Wort, weshalb mit seiner anarchischen Clownerie „Les Negres – Die Neger" in der Produktion der Wiener Festwochen 2014 auch kurzer Prozess zu machen wäre. Dies verlangte eine von der Plattform Pamoja verabschiedete Resolution: „Wir fordern hiemit auf, das N-Wort und diese rassistische Inszenierung aus dem Wiener Festwochenprogramm zu entfernen". So formulierte ein in Wien stationierter afrikanischer Student, den zynische Bobo-Kreise zu ihrem unverkennbaren Gaudium in eine intellektuell nicht zu gewinnende Debatte manövriert hatten. Denn Genet schrieb sein Werk 1958 als Kommentar zu den antikolonialen Befreiungskriegen. Das „rassistische Klischee vom ‚Neger‘, der eine weiße Frau sexuell missbraucht und dann tötet", werde hier zur Groteske getrieben, erklärte der holländische Regisseur Johan Simons. Deshalb trugen die weißen Schauspieler schwarze Masken.

Ja, aber auch die Knallkomiker, die ab der Mitte des 19. Jahrhunderts auf amerikanischen Südstaatenschmieren trottelig grinsende, affenähnliche Sklavenkarikaturen gaben, waren weiß und schminkten sich schwarz, lautete daraufhin das Argument. Das Schandrelikt „Blackfacing" aber habe auf Bühnen des 21. Jahrhunderts nichts verloren.

Genet als Agent des „Blackfacings"? Die Diskussion ging hoch und brachte der am Ende misslungenen Aufführung reichen Zulauf. Über den Anlassfall hinaus befürchtete man Zensur im Namen der Korrektheit: „Zigeuner", in der Literatur- und Musikgeschichte als erotisch glorifiziertes Pendant für Freiheit und Diskriminierungsresistenz stehend, soll plötzlich ein Schimpfwort sein? Sind Brahms und Lenau also Fälle für den Index? Jack Londons Eskimos (recte: Inuit), Karl Mays Indianer (indigene Ureinwohner) rassistische Ausgeburten? Und wie halten wir es mit den bösen Juden bei Shakespeare und Dickens, nicht zu reden vom jüdischen Selbsthasser Karl Kraus?

Die bedeutendsten Schriftsteller des Landes, alle aus lupenreinem antifaschistischem Hochadel, alle im Visier der FPÖ und des Steuerzahlers, sahen in der „Neger"-Debatte den Anfang vom Ende. „Man muß es aufführen", übermittelte, wie immer in alter Rechtschreibung, Elfriede Jelinek. „Und Johan Simons wird es, die entsetzliche holländische Kolonialgeschichte im Rücken, so inszenieren, daß die Aufführung zu einer politisch wichtigen und bewußtmachenden Sache wird, so wie es von Genet gemeint war. Genet und Simons Rassismus zu unterstellen, wäre vollkommen absurd. Sie entlarven Rassismus, und das ist auch die Aufgabe der Kunst."

Peter Turrini: „,Zehn kleine Schwarzafrikaner' oder ‚Schneewittchen und die sieben Kleinwüchsigen' ist kein Fortschritt, sondern endet in der Idiotie. Ich bin durchaus dafür, dass Begriffe, die politisch oder historisch belastet sind, im Sprachgebrauch verändert werden. Aber die literarische Sprache ist nicht nur Frage von Inhalt, sondern auch eine Frage von Form. Wenn man anfängt, die Form anzugreifen, bricht die ganze Literatur zusammen. Das versuche ich den Randalierern zu erklären."

Er selbst, führte sein Kollege Gerhard Roth aus, habe das Wort „Neger" anno 1974 im Buch „Der große Horizont" gebraucht. Es war damals unkontaminierter Sprachgebrauch und hieß nichts anderes als „Schwarzer". Heute würde er es, da offenbar untrennbar mit dem amerikanischen Schandbegriff „Nigger" verbunden, nicht mehr gebrauchen.

Doch die Debatte, kam Roth zum großen Ganzen, diene der in Österreich altbewährten Verdrängung: Die eigentlichen Probleme – Alltagsrassismus, Antisemitismus – könnten mit solcher Unsinnskosmetik nicht aus der Welt geschafft werden. „Die Generation, die jetzt die Sprache bestimmen will, kommt nicht selten aus einer Welt, in der man sich mit den Eltern und den Großeltern über die Zeit des Nationalsozialismus nicht auseinandergesetzt hat. Man nimmt das Ganze als abstrakte Formel, nicht als etwas, das in der Familie diskutiert und in die richtige Richtung geleitet wurde. Der Unverstand, der diesbezüglich herrscht, ist der Unverstand einer nachrückenden, sich permanent und altklug auf der sicheren Seite fühlenden Generation. Interessanterweise treten Leute für Verbote ein, die oft auch die Burka verteidigen, den Ausdruck völliger Herrschaft des Mannes über die Frau. Das Gefährlichste und Dümmste ist immer das ideologische Denken. Man kann mit einem Presslufthammer keine Uhr reparieren und mit einem Uhrmacherschraubenzieher keine Straße aufreißen. Die reine Ideologie zwingt Menschen letztendlich zum Lügen. Dumme Sprachregelungen ersetzen die ehrliche Auseinandersetzung."

Dagegen wandte sich der jüdische Autor Doron Rabinovici: „Man kann nicht so tun, als wäre man gegen Rassismus, ohne auf jene Rücksicht zu nehmen, die die ersten Opfer des Rassismus sind. Es geht nicht um Political Correctness! Es geht um jene Solidarität, die das Stück eigentlich für sich beansprucht."

Und der damals amtierende Grüne Wiener Kultursprecher Klaus Werner-Lobo, ein von Bildungsinhalten nur maßvoll kontaminierter Straßenclown, nahm ex cathedra gegen die Aufführung Partei: „Es wäre undenkbar, in den USA ein Stück mit so einem Titel, von einem weißen Regisseur inszeniert, zur Aufführung zu bringen", sagte er und zitierte ein Interview Simons' in der „Süddeutschen". „Wenn er sagt, wir müssen diese Wörter aushalten, ist das Zynismus. Er hält es aus, ich auch. Aber die in Wien leben und schwarz und täglich mit Rassismus konfrontiert sind?" In der amerikanischen Übersetzung heiße das Stück „The Blacks". Weshalb nicht auch hierzulande einlenken?

„Das Stück heißt ‚Die Neger'. Der Einzige, mit dem man darüber diskutieren dürfte, wäre Genet", zürnte da Gerhard Roth. „Wenn Kunstwerke nach Volksabstimmungen umbenannt würden, wäre das gefährlicher Unsinn." Regisseur Simons hatte angeboten, den Titel in „Die Weißen" zu verändern. Das aber untersagte dankenswerterweise der Übersetzer, der Regisseur Peter Stein: Genet hatte ihm, gegen seine ursprüngliche Intention, selbst die Genehmigung erteilt, das Stück für eine legendäre Berliner Aufführung mit Weißen zu spielen. Seither hat sich das Problem erledigt. „Verschmockter Schwachsinn" wären die Umbenennungsforderungen, sagte Stein auf Anfrage. „Ich habe ‚Othello' mit einem schwarzhäutigen Schauspieler produziert, das Stück wurde dadurch nicht political correcter. Lasst die Finger von den Kunstwerken, die ja auch Zeitzeugen sind."

Die Folgen konsequent unterbundenen „Blackfacings" wären indes dramatisch. Den Titelhelden von Verdis Shakespeare-Oper „Othello" auf Weltniveau zu singen, blieb stets zwei bis drei begnadeten Heldentenören ihrer Zeit vorbehalten. Keiner von ihnen war schwarz, weder Leo Slezak noch Mario Del Monaco oder Plácido Domingo. Auch die schwarzen Darstellerinnen der äthiopischen Sklavin Aida hielten sich numerisch in Grenzen (doch gab es immerhin Leontyne Price). Und wie ist das mit Puccinis „Madama Butterfly"? Muss sie von einer Japanerin gesungen werden, darf es wegen der habituellen Ähnlichkeit auch die vortreffliche Chinesin He Hui sein oder ist das erst recht rassistisch? Ist es diskriminierend, wenn ein gut gewachsener Bariton als Verdis Rigoletto den Buckligen gibt? Der amerikanische Jude George Gershwin jedenfalls, der aus Sympathie für die diskriminierten schwarzen Broadway-Künstler vorschrieb, seine Oper „Porgy and Bess" ausschließlich mit Schwarzen zu besetzen, hat das Werk für Europa quasi umgebracht: Kein Haus kann eine solche Zahl an Gästen finanzieren.

Fragen über Fragen, die zumindest hierorts auch das Theater attackieren. Keiner wird vergessen, wie der unsterbliche Gert Voss in der Regie des Emigranten George Tabori Shakespeares Othello spielte. Die schwarze Schminke verwischte sich in den Liebesszenen, bis Julia Stemberger selbst über und über schwarz war, auch körperlich eins mit der geliebten Person. „Ich verstehe die Debatte nicht", meldete sich Voss zur „Neger"-Debatte. „Da wäre es ja auch antisemitisch, kein Jude zu sein und trotzdem den Kaufmann von Venedig zu spielen. Alles auf dem Theater sind Behauptungen, die sich künstlicher Mittel bedienen. Wenn ich mich als Othello geschminkt habe, dachte ich nicht daran, ein Schwarzer zu sein. Ich wollte mir vorstellen, was Shakespeare gedacht hat: dass Othello durch seine Hautfarbe ein Außenseiter ist und besonders gut sein muss, um Anerkennung zu finden."

Im April 2014 reiste eine Delegation europäischer Germanisten nach Togo, um an einem Seminar über postkoloniale Literatur teilzunehmen. Hat man sich dort für epochales Kulturgut wie Herman Melvilles „Moby-Dick" oder Joseph Conrads „Lord Jim" entschuldigt? Die teilnehmende Wiener Germanistin Anna Babka: „Mir ging es darum, meine Mehrheitsgesellschaft zu verlassen, nach Afrika, in eines der ärmsten Länder der Welt, zu gehen und einmal selbst aus der Position einer Minderheit argumentieren zu müssen. Wir wollten Personen einladen, die sich Flüge nach Europa grundsätzlich nicht leisten können, in ihrem eigenen Land an einer Konferenz teilzunehmen. Wir wollten uns deren Kritik aussetzen, deren Verständnis von Identität, von postkolonialer Verfasstheit kennenlernen an dem Ort, wo sie sich sicher fühlen, wo sie zu Hause sind."

Tagungsteilnehmer Clemens Ruthner, in Dublin stationierter Wiener Germanist: „Ich habe den Eindruck, dass in Österreich Political Correctness viel militanter eingesetzt wird als in Deutschland, das demokratiepolitisch weiter ist." Ruthner ortet Überkompensation und Gewissensberuhigung. „Es bleibt die Frage, ob man mit diesem missionarischen Eifer immer das Richtige macht." Während die europäischen Teilnehmer über unkorrektes Wortgut selbst in Zitaten erröteten, hätten die Betroffenen Gelassenheit geübt: „Ich hatte den Eindruck, dass unsere Gastgeber mit diesen Begriffen sehr nonchalant umgegangen sind. Keiner hat Anstoß daran genommen."

Den Eindruck bestätigt der Gastgeber, der afrikanische Germanist Dotse Yigbe: Weltliteratur, etwa von Rudyard Kipling oder Daniel Defoe, wäre nicht zu verbieten. Aber: „Es gibt Texte, die vor hundert Jahren aufgrund der damaligen Mentalität sehr beliebt waren und die man heute als Schundliteratur bezeichnen muss. Es sei denn, die Menschen haben nichts von all dem Elend gelernt, das sie im 20. Jahrhundert durch ihre Intoleranz zustande gebracht haben. In diesem Fall sollte man auch Texte aufführen, in denen Chinesen und Araber bzw. Muslime ‚karikiert dargestellt' werden. Oder gab und gibt es gar keinen?"

Die freie Journalistin Clara Akinyosoye, geborene Wienerin mit nigerianischen Eltern, bekannte, bei Lektüre des „Neger"-Titels im Festwochen-Programmheft zusammengezuckt zu sein, sagte aber schließlich: „Man soll die Dinge lassen, wie sie sind. Aber man soll einen Diskurs beginnen. Wenn man ein solches Stück spielt, von dem man weiß, dass es in der African Community brodeln wird, soll man versuchen, mit diesen Leuten vorher auf Augenhöhe zu diskutieren." Moderatorin

Arabella Kiesbauer, wegen ihrer Hautfarbe ins potenziell tödliche Versandsystem des Bombenbauers Franz Fuchs geraten: „Obwohl das Wort ‚Neger‘ abwertend empfunden wird, stört es mich im Stücktitel nicht. Das sind künstlerische Freiheiten aus einer anderen Zeit." Die „Blackfacing"-Debatte sieht sie „total pragmatisch: Wenn jemand weiß ist und eine begnadete Performance liefert, soll er das machen. Es soll nur keine Karikatur sein."

Es bleibt die Option, Texte für Kinder wie Erwachsene nur mit Fußnoten zu publizieren. Peter Turrini: „Höchstens für sehr junge Menschen und in Schulbüchern. Ansonsten kommentiert sich große Literatur, auch wenn sie uns inhaltlich nicht gefällt, in den Köpfen halbwegs intelligenter Menschen von selbst." – Einen Text würde er doch gern in solcher Gestalt an die Leserschaft bringen, ergänzt da Gerhard Roth: Hitlers „Mein Kampf" wäre, Zeile für Zeile kommentiert, wieder aufzulegen. „Dann fällt das ganze Konstrukt in sich zusammen."

Struwwelpeter ohne Mohr

Am verheerendsten wüten die Korrektheitskommandos in der Kinderweltliteratur, denn hier lassen sich zensorische Gelüste mit pädagogischer Notwendigkeit bemänteln. Deshalb prangerte schon 2013 der führende Literaturkritiker Ulrich Greiner („Die Zeit") „die kleine Hexenjagd" gegen unkorrekte Kinderbücher als zensorischen literaturfeindlichen Akt an. Anlass war die Ankündigung des Thienemann-Verlags, Kinderbuchklassiker von „veralteten und politisch nicht mehr korrekten Begrifflichkeiten" zu säubern. Das bedeutet, dass sich etwa in Preußlers „Die kleine Hexe" Kinder nicht mehr als „Neger, Chinesenmädchen, Türken und Hottentotten" verkleiden dürfen. Zuvor schon hatte Astrid Lindgrens Verlag nach langem Rechtsstreit bei den Erben der Autorin durchgesetzt, Pippi Langstrumpfs Vater nicht länger „Negerkönig" nennen zu müssen, sondern „Südseekönig" nennen zu dürfen.

Damit wurde die Weltliteratur erreicht, und in der Tat gab Mark Twains amerikanischer Verlag vor Längerem bekannt, dass „Tom Sawyer" und „Huckleberry Finn" künftig nicht mehr in der Originalfassung erscheinen würden. Aus „nigger", wie man in der von Twain geschilderten und missbilligten Sklavenhalterzeit die Schwarzen nannte, werde nunmehr „slave".

Astrid Lindgren aber muss posthum die Plattitüde erfahren, dass Revolutionen ihre Kinder fressen: War es doch gerade sie, die im Gefolge der Achtundsechziger-Revolte ausersehen war, veraltetes durch neues Denken auszutreiben. Sie tat das großartig, während etwa „Grimms Kinder- und Hausmärchen" für pures Gift erklärt wurden: Traumatisierende Angstvisionen würden da zum Transport überkommener Rollenbilder eingesetzt.

Bis der große österreichische Psychotherapeut Bruno Bettelheim, ein Überlebender der Konzentrationslager Dachau und Buchenwald, das Buch „Kinder brauchen Märchen" schrieb. Er wies dort nach, dass in den Volksmärchen alle archetypischen Ängste und verdrängten Begierden konzentriert sind. Und in der Tat: Der Verlust des Urvertrauens in die Eltern („Hänsel und Gretel"), der Wolf als Freud'sches Synonym der unheimlichen väterlichen Sexualität, die Eifersucht zwischen der Mutter und dem heranwachsenden Mädchen („Schneewittchen"), all das aber mit glücklichem Ende – das sind befreiende psychoanalytische Vorgänge. Traumatisierend hingegen, so fügte Bettelheim hinzu, wären Hans Christian Andersens ausweglose Katastrophen in Märchengestalt. Gerade Andersen aber wurde nach 1968 wegen seines sozialen Engagements gegen die Brüder Grimm ausgespielt.

Wie Astrid Lindgren im weltliterarischen Kontext, so wurde im deutschen Sprachraum Christine Nöstlinger zur Waffe gegen das nicht zeitgemäße Kinderbuch erklärt. Großartig war und ist das bis heute: Widersetzliche Unterschichtkinder statt dressierter Affen, der Geruch von Armut und Aufstiegswillen, Blicke voll Liebe und Verstehen, wie sie nur noch Erich Kästner in Kinderseelen zu werfen verstand. Dafür warf man leichten Herzens Vera Ferra-Mikuras herrliche „Drei Stanisläuse" weg. Aber auch der Nöstlinger tilgte man „Neger" aus Neuaufgelegtem. Ihr anarchistisches Geniewerk „Wir pfeifen auf den Gurkenkönig" wiederum geriet in den Verruf des Antisemitismus, als ein Wissenschwafelhuber enthüllte, der Name des Titelunholds könnte mit einem Synonym für „Jerusalem" verwechselt werden.

Und das sind nur die lässlichen Fälle, die gutartigen mit den bösen Worten. Was aber tun, wenn Weltliteraten wie William Shakespeare („Der Kaufmann von Venedig"), Charles Dickens („Oliver Twist"), Gustav Freytag („Soll und Haben") und Karl Kraus („Die letzten Tage der Menschheit") verworfene Juden auf die Szene bringen? Es gab Zeiten, da arbeiteten sich die größten jüdischen Regisseure der Theatergeschichte – Fritz Kortner und Peter Zadek – am „Kaufmann von Venedig" ab. Heute äußert die leidige EU-Kommission den Wunsch, „Kinderbücher mit veralteten Rollenklischees" wie „Peter Pan" aus den Lehrplänen zu eliminieren.

„Toleranz kann man nicht mit Diktatur durchsetzen. Es wäre besser, wenn man mit den alten Büchern Kinder zum Nachdenken brächte", mahnt da der Literaturwissenschafter Clemens Ruthner. Befragte Autoren sind in der Sache uneins, und das ist erkennbar eine Frage des Alters. Man möge Zweifelsfälle in Fußnoten erklären und die Texte in Ruhe lassen, forderte Christine Nöstlinger, Jahrgang 1936. Peter Turrini, 1944 geborener Autor liebevoller Kinderbücher: „Ich finde das lächerlich und lehne Korrekturen an literarischen Werken rundweg ab. Es ist grotesk, dass man nach jüngsten Spracherkenntnissen das Gewesene, das einem anderen Bewusstsein und einer anderen Zeit entsprungen ist, korrigieren will. Bald müssen wir sagen: ‚Schneewittchen und die sieben Kleinwüchsigen'. Aber ich verstehe nicht, warum man mit allergrößter Fixiertheit an alten Kinderbüchern hängen muss, es gibt hervorragende neue."

Felix Mitterer, Jahrgang 1948, dessen „Superhenne Hanna" ein Klassiker wurde: „In der Kinderliteratur soll alles politisch korrekt sein, aber die Wirklichkeit ist politisch überhaupt nicht korrekt: Frauen werden unterbezahlt, Asylwerber wegen ihrer Hautfarbe diskriminiert, Zigeuner in der EU herumgeschoben.

Aus Amerika, wo Kinder zu Dutzenden abgeknallt werden, schwappt die Korrektheitswelle herüber. Das ist absurd." Er würde aus Kinderbüchern nur offenen Rassismus tilgen.

Julya Rabinowich, Jahrgang 1970, die als Kind aus der Sowjetunion nach Österreich kam, musste Grimms Märchen in kommunistischer Lesart verkosten und ist gegen Zensurmaßnahmen skeptisch. „Neger" aber würde sie einem Kind nicht vorlesen. „Das Wort fühlt sich in meinem Mund grauenhaft an. Aber", fügt sie hinzu, „ich bin ja auch ein Kind meiner Zeit."

Das trifft noch mehr auf die Autorin Vea Kaiser, Jahrgang 1988, zu: „Ich sehe das nicht aus der Perspektive weißer Kinder, die damit keine Assoziationen haben", sagt sie. „Ich denke mir, was mit afroamerikanischen deutschen und österreichischen Kindern ist, wenn da ‚Negerkönig' steht." Fragt sich bloß, wie „Neger" überhaupt ein Schimpfwort werden konnte.

Lauter Rassisten? Verwerfliches für Kinder von Lindgren, Nöstlinger und Dickens

Jakob und Wilhelm Grimm: *Kinder- und Hausmärchen.* Urknall der deutschen Literatur- und Sprachforschung. Aber „Der Jude im Dorn", die Hexen und Stiefmütter wollen nicht wie das grüne Parteibüro.

Heinrich Hoffmann: *Struwwelpeter.* Die weißen Knaben werden dafür bestraft, dass sie den kleinen Mohren verspottet haben. Aber „Mohr" darf man nicht sagen, obwohl es bloß „braun" bedeutet.

Erich Kästner: *Der 35. Mai.* Die Nazis verbrannten seine zuinnerst humanistischen Werke. Aber das schwarz-weiß karierte Mischlingskind Petersilie in der Südsee? Ein Fall für den Index.

Michael Ende: *Jim Knopf.* Der Titelheld zweier Kinderbücher ist ein toller Kerl, entstanden leider in einer Zeit, da „Neger" bloß „Schwarzer" hieß und noch nicht zur Beleidigung erklärt war.

Harriet Beecher Stowe: *Onkel Toms Hütte.* Eine Negergeschichte. Der 1852 erschienene Südstaatenroman um den idealisierten, wenn auch etwas penetrant demütig gezeichneten Sklaven Tom.

Daniel Defoe: *Robinson Crusoe.* Einer der größten Abenteuer- und Entwicklungsromane der Weltliteratur. Aber: „Neger", Kannibalen, ein zivilisierbarer „Wilder": Weg damit!

Astrid Lindgren: *Pippi Langstrumpf.* Jawohl, auch sie, die Erfinderin der antiautoritären Pädagogik, die Größte der Großen: Nach langem Streit gestatteten ihre Erben dem Verlag, Pippis anarchistischen Vater „Südseekönig" statt „Negerkönig" zu nennen. Ein schwarzer Tag.

Mark Twain: *Huckleberry Finn.* Ein weißer Außenseiter und ein rechtloser schwarzer Sklave jagen dem Glück nach. Grandios, bewegend, aber dass man Schwarze damals „nigger" schimpfte, darf nicht mehr erwähnt werden: Der Verlag disponierte auf „slave" um.

Charles Dickens: *Oliver Twist.* Ein weltliterarisches Gigantenstück sozialer Prosa. Aber der Jude Fagin ist ein auch idiomatisch bedenklicher Hehler. Hier muss großflächig umgeschrieben werden!

Christine Nöstlinger: *Wir pfeifen auf den Gurkenkönig.* Witzig, aufsässig, radikal, genial, gefeiert. Bis von einem akademischen Gschaftlhuber aufgedeckt wurde, dass der Name des Titelmonstrums einer Bezeichnung für „Jerusalem" ähnlich ist. Christine Nöstlinger als Antisemitin?

Karl May: *Winnetou III.* Fast alle Indianer und Araber, die der sächsische Erzschwafler erfand, sind besser als fast alle Weißen. Der matt belichtete „Neger Cäsar" aber bringt ihn in die Bredouille.

Otfried Preußler: *Die kleine Hexe.* Kinder, die im Fasching als „Negerlein, Türken mit roten Mützen und weißen Pluderhosen, Hottentottenhäuptlinge und Menschenfresser" gehen? Einsperren!

Hugh Lofting: *Dr. Doolittle und seine Tiere.* Ein halbnackter afrikanischer Eingeborenenkönig brachte den herzensguten, Mensch und Tier liebenden Veterinär in den Verruf, Rassist zu sein.

Franz Karl Ginzkey: *Hatschi Bratschis Luftballon.* Der Titelunhold ist im moslemischen Kulturkreis zu verorten. Na und? Der österreichische Nazi-Opportunist schrieb dennoch ein starkes Kinderbuch.

Novalis war kein Nazi

Die Schlussfolgerungen aus dem eben Erörterten sind nicht missverstehen: Historische und literaturwissenschaftliche Unbildung wird zunehmend zum Treibstoff einer Debatte, die sich bedrohlich auszuwachsen beginnt.

So las man im Februar 2018, die Burschenschaft Bruna Sudetia, die innerhalb meiner Sympathieskala nur unwesentlich unter dem eingewachsenen Zehennagel ressortiert, habe die erste Zeile eines Nazi-Liedes online gestellt. Die Zeile lautet „Wenn alle untreu werden" und steht für den Missbrauch großer Literatur. Geschaffen hat sie 1802 der Frühromantiker Novalis, der Adressat ist Jesus.

Wenn alle untreu werden,
So bleib' ich dir doch treu;
Dass Dankbarkeit auf Erden
Nicht ausgestorben sei.
Für mich umfing dich Leiden,
Vergingst für mich in Schmerz;
Drum geb' ich dir mit Freuden
Auf ewig dieses Herz.

Oft muss ich bitter weinen,
dass du gestorben bist,
Und mancher von den Deinen
Dich lebenslang vergisst.
Von Liebe nur durchdrungen
Hast du so viel getan,
Und doch bist du verklungen,
Und keiner denkt daran.

Du stehst voll treuer Liebe
Noch immer jedem bei;
Und wenn dir keiner bliebe,
So bleibst du dennoch treu;
Die treuste Liebe sieget,
Am Ende fühlt man sie,
Weint bitterlich und schmieget
Sich kindlich an dein Knie.

Ich habe dich empfunden,
O! lasse nicht von mir;
Lass innig mich verbunden
Auf ewig sein mit dir.
Einst schauen meine Brüder
Auch wieder himmelwärts,
Und sinken liebend nieder,
Und fallen dir ans Herz.

Zwölf Jahre später formte der Freiheitsdichter und Freimaurer Max von Schenkendorf daraus ein Lied im Geist der Befreiungskriege gegen Napoleon:

Wenn alle untreu werden,
So bleiben wir doch treu;
Dass immer noch auf Erden
Für euch ein Fähnlein sei.
Gefährten unsrer Jugend,
ihr Bilder bess'rer Zeit,
Die uns zu Männertugend
und Liebestod geweiht.

Wollt nimmer von uns weichen,
uns immer nahe sein,
treu wie die deutschen Eichen,
wie Mond und Sonnenschein.
Einst wird es wieder helle,
in aller Brüder Sinn,
sie kehren zu der Quelle
in Lieb und Freude hin.

Es haben wohl gerungen
die Helden dieser Frist,
Und nun der Sieg gelungen,
übt Satan neue List.
Doch wie sich auch gestalten
im Leben mag die Zeit,
Du sollst uns nicht veralten,
o Traum der Herrlichkeit.

Ihr Sterne seid uns Zeugen,
die ruhig nieder schau'n,
wenn alle Brüder schweigen
und falschen Götzen trau'n.
Wir woll'n das Wort nicht brechen

und Buben werden gleich,
woll'n predigen und sprechen
vom heil'gen Deutschen Reich.

Diesen Text übernahm mit geringen Adaptionen die SS, in deren Liederbuch er an dritter Stelle hinter dem Deutschland-Lied und dem Horst-Wessel-Lied geführt wird.

Nun schließe ich aus, dass die Bruna Sudetia theologischen oder sonstwie akzeptablen Absichten gefolgt sein könnte. Aber das literarische Urteil sollten wir uns von diesen Herrschaften nicht kontaminieren lassen: Weder der geniale Novalis noch der tüchtige Schenkendorf haben es verdient, Nazi-Dichter genannt zu werden.

Das musste gesagt werden. Der Rest ist Spott.

*

Wie lang predige ich schon, dass es mit der Literatur so nicht weitergehen kann? Das Resultat: niederschmetternd. Immer noch heißt Othello „Der Mohr von Venedig" und nicht „Der/ Die maximalpigmentierte venezianische MitbürgerIn mit nordafrikanischem Migrationshintergrund". Nach wie vor erwürgt er die Gattin, statt dem Multikulti-Projekt beim Paartherapeuten eine Chance zu geben.

Jetzt aber zeigen sich erste Erfolge: Im Burgtheater wurde Ibsens „Volksfeind" einer korrektheitstechnisch kompletten Neufassung unterzogen. Aus einem zuinnerst zerrissenen, zuletzt zum Faschisten radikalisierten Mediziner wurde ein bioschafwollener Öko-Freak, der Umweltdaten aus Wikipedia rezitiert und beim veganen Abendessen mit Norwegerpulli-Gattin und polkappenbesorgter Kinderschar Friedenslieder singt.

Jetzt dürfen wir nicht locker lassen! Schon drohten zart besaitete Literaturstudentinnen der Uni Cambridge mit Klage, weil sie von der Notzuchtszene in Shakespeares „Titus Andronicus" verstört wurden. Ich habe gleich zu bearbeiten begonnen: Die Unholde haben der Feldherrentochter Lavinia vor 20 Jahren einen schlüpfrigen Witz erzählt und werden nun über Hashtag vor Gericht gebracht.

Goethes Faust übersteht schon den Antanzversuch „Mein schönes Fräulein, darf ich wagen" nicht. Das besitzanzeigende Fürwort „mein", die sexistische Unverfrorenheit „schön", die steinzeitliche Anrede „Fräulein": Das sollte für ein schnelles Ende samt Titelgeschichte im „Falter" reichen.

*

Auf der Favoritenliste für den Neujahrsdeppen preschte in den ersten Wochen des Jahres 2018 ein gewisser Cristiano Chiarot vor, Intendant der Oper von Florenz. Er wies seinen Regisseur an, „Carmen" korrektheitstechnisch zu bearbeiten: Nicht Don José erdolcht Carmen, sondern Carmen erschießt José. Ich bezweifle allerdings, dass „Carmen" ohne erheblichere Eingriffe überhaupt noch aufgeführt werden kann: Die sexuell hemmungslose (wie bitte?) Zigeunerin (Skandal) ist Arbeiterin (o. k.) in einer Zigarettenfabrik (nicht ihr Ernst). Da ist es mit finalem Geknalle nicht getan.

Zunächst sind dem Chor der Zigarettenarbeiterinnen Banderolen mit der Abbildung eines Lungenkarzinoms und der Aufschrift „Rauchen kann Ihre Gesundheit gefährden" zu applizieren. Der gesungene Werbetext „Seht, wie die Raucheswolken ziehn / In die Lüfte kräuselnd dahin" ist zu ersetzen: „Zahnausfall, Muskelschwund, Raucherlunge, / Impotenz, gelblich verfärbte Zunge".

Dann Carmens Auftrittslied: „Die Liebe von Zigeunern stammt ... und wenn ich liebe, nimm dich in Acht." Hier empfehle ich: „Ich bin die Carmen, Sinti-Roma, / Schieb ab, Sexist, sonst droht das Koma!" Die ethno-neutrale Variante „Mach dich vom Acker, fieser Stalker, / Sonst gibt's was mit dem Nudelwalker" habe ich wegen des genderstereotypen Küchenrequisits verworfen.

Indiskutabel auch die Verherrlichung des Stierkampfs. Deshalb ist die Zumutung „Auf in den Kampf, Torero" obligat von Protesten der Organisation PETA zu begleiten, wobei ich den nackten Brüsten der Aktivistinnen mit korrektheitstechnisch verwirrtem Wohlwollen entgegenblicke.

*

Zu männerbündlerisch, zu bewaffnet, zu christlich: Karl May, der große Lehrer meiner Kindheit, ist infolge multipler Unkorrektheit fast aus der Wahrnehmung verschwunden. Dabei war er ein von der Friedensnobelpreisträgerin Bertha von Suttner geschätzter Humanist und Pazifist. Er erklärte sich mit Massenzuspruch gegen das Unrecht an der amerikanischen Urbevölkerung, stellte fast jeden Indianer über fast jeden Weißen und ginge für seine kompetenten Einlassungen zum Islam als Kolumnist noch der verlogensten Bobo-Zeitung durch. Alles vergebens.

Als Rettungsmaßnahme habe ich „Winnetou" nun einer behutsamen Bearbeitung unterzogen: Der nachmalige Old Shatterhand beginnt seine Karriere als KrabbelstubenbetreuerIn in einer kooperativen Kindertagesstätte (Ganztags-KITA). Als Teilnehmer einer Nacktradlerparade erregt er das Wohlwollen des Mitdemonstranten Winnetou, seines Zeichens listenplatzpragmatisierter Unterhäuptling beim grünen Stammesbüro. Dort aber liegt vieles im Argen, seit das Friedenspfeifenverbot auch auf Privatwigwams erstreckt wurde: Stammesfehden haben die Population an Kindern und Greisen (so genannten Silberrücken) reduziert, die Häuptlings-Squaw hat sich an einen gewerblichen Glücksspieler veräußert. Da kommt der junge Mann gerade recht. Nach bestandenem Binnen-I-Test wird er rituell in den Stammesverband eingeführt. Als er binnen Monatsfrist fünf parteiinterne Rivalen basisdemokratisch ins Prekariat vernadert, erwirbt er rasch Anerkennung. Winnetou schenkt ihm sein neues Dreißiggang-Ersatzmountainbike, Modell Hatatitla. Und schon radeln beide, Stopplicht an Stopplicht, der Regenbogenparade entgegen.

Na also, geht doch!

Dank

Die meisten Beiträge zu diesem Buch beruhen auf meiner Kolumne „Unkorrekt", die jeden Sonntag in der „Kronen Zeitung" erscheint.

„News" entnahm ich die Kapitel „Nicht nur an Weihnachten", „Du meine Goethe, die Zentralmatura", „Überfälliges zu den Landeshymnen", „Allein gegen die Welt", „Allein im Olymp. Elfriede Jelinek, lebenslang unkorrekt", „Jelinek mal 70", „Maximalpigmentiert. Die ‚Neger'-Debatte", „Struwwelpeter ohne Mohr" sowie „Lauter Rassisten".

Für ihre Mitarbeit an diesen Kapiteln danke ich Susanne Zobl, Dagmar Sichrovsky-Kaindl, Claudia Augustin und Christoph Bacher.

Das Porträt „Edi Finger senior: Die Apotheose eines Unkorrekten" schrieb ich für den Band „Sind S' froh, dass Sie zu Hause geblieben sind. Mediatisierung des Sports in Österreich" (Hg. Matthias Marschik, Rudolf Müllner, Verlag Die Werkstatt).

Allen, die hier Rechte zu beanspruchen haben, danke ich für die Abdruckgenehmigungen.

Humor bei Ueberreuter

www.ueberreuter-sachbuch.at

Erwin Steinhauer/Fritz Schindlecker
Wir sind super!²
Die österreichische Psycherl-Analyse

Erwin Steinhauer/Fritz Schindlecker
Fröhliche Weihnachterl
Eine schöne Bescherung

Die beiden „Austrologen" analysieren fachkundig unsere alpinen Seelenlandschaften, werfen einen humorvoll-kritischen Blick in die Bundesländer-Seelen und erklären uns unsere liebsten Nachbarn.

In einfühlsamen Gedichten, humorigen Kurzgeschichten und heiteren Mikro-Dramen wird von den beiden Psycho-Austrologen jener Seelentrost gespendet, den wir alle nach der Zeit der Advent-Einkehr am Punschstandl so dringend benötigen.

208 Seiten
Hardcover mit Schutzumschlag
ISBN 978 3 8000 7711 3, € 21,95
Auch als E-Book erhältlich
Erscheint im September 2018

200 Seiten
NEU: zusätzlich 16 Seiten Sonderteil „Stille Nacht"
Hardcover mit Schutzumschlag und Lesebändchen
ISBN 978 3 8000 7712 0, € 19,95
Auch als E-Book erhältlich
Erscheint im Oktober 2018

www.ueberreuter-sachbuch.at